『ケアマネ試験法改正と完全予想
収録の予想問題が第 26 回
ズバリ的中 !! しまし

コンデックス情報研究所では、長年の過去問題の分析結果にもとづき予想問題を作成しております。その結果、第 26 回本試験において、以下のように予想問題と同じ問題が多数出題されました。本書はその経験と研究の成果を活かして編集された書籍です。

本試験問題 18-5

更新認定の申請は，有効期間満了の日の 60 日前から行うことができる。（正解は○）

完全予想模試①　問題 16-3（要介護認定について）

要介護認定を受けた被保険者は，原則として有効期間満了日の 60 日前から要介護更新認定の申請を行うことができる。（正解は○）

本試験問題 26-1

「指輪っかテスト」は，サルコペニア（筋肉減弱症）の簡便な評価法である。（正解は○）

完全予想模試③　問題 26-5

サルコペニアの簡単なスクリーニング指標に，「指輪っかテスト」がある。（正解は○）

本試験問題　58-1（成年後見制度）

成年後見人の職務には，身上保護（身上監護）と財産管理が含まれる。（正解は○）

完全予想模試①　問題 59-1

後見人の主な職務は，身上監護と財産管理である。（正解は○）

そのほか的中問題続出 !!

本試験問題　5-3	完全予想模試③　問題 5-2
本試験問題　5-5	完全予想模試③　問題 5-4
本試験問題　8-1	完全予想模試②　問題 7-1
本試験問題　8-5	完全予想模試②　問題 7-5
本試験問題　14-1	完全予想模試②　問題 12-5
本試験問題　22-4	完全予想模試②　問題 19-5
本試験問題　53-5	完全予想模試①　問題 53-1

ズバリ的中 !!

他　多数 !!

『ケアマネ試験法改正と完全予想模試 '24 年版』は 2024 年春頃に発売予定！

本書の使い方

STEP1

絶対はずせない頻出テーマです。まずはここで要点を整理しましょう。

出題実績

直近 5 回で出題された回がわかります。

連続出題中は 5 回連続で出題されていることを示しています。

でる確率は本書独自の分析によるもので、必ずしも出題を保証するものではありません。

再 は 22 回再試験を表します。

赤シート

覚えておきたい部分を赤字にしていますので、付属の赤シートを使って確認することができます。

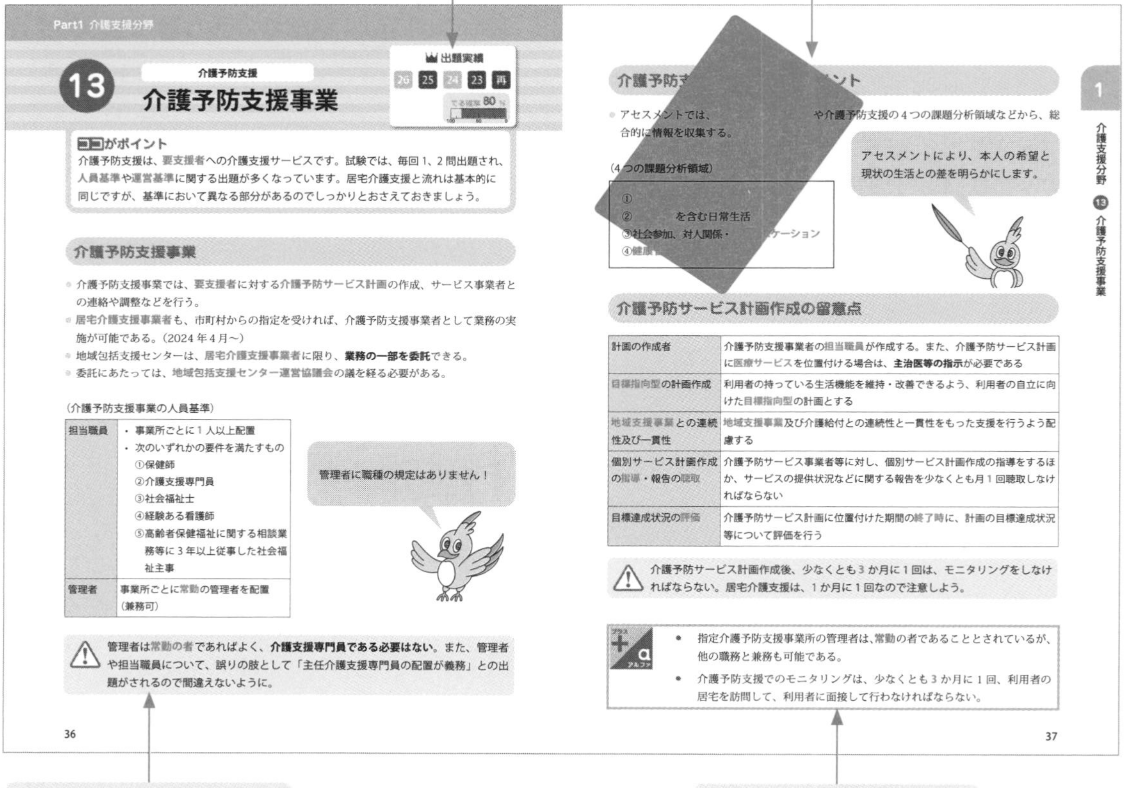

Part1 介護支援分野

13 介護予防支援

介護予防支援事業

出題実績 26 25 24 23 再

でる確率 80 %

ココがポイント

介護予防支援は、要支援者への介護支援サービスです。試験では、毎回 1、2 問出題され、人員基準や運営基準に関する出題が多くなっています。居宅介護支援と流れは基本的に同じですが、基準において異なる部分があるのでしっかりとおさえておきましょう。

介護予防支援事業

- 介護予防支援事業では、要支援者に対する介護予防サービス計画の作成、サービス事業者との連絡や調整などを行う。
- 居宅介護支援事業者も、市町村からの指定を受ければ、介護予防支援事業者として業務の実施が可能である。(2024 年 4 月～)
- 地域包括支援センターは、居宅介護支援事業者に限り、**業務の一部を委託**できる。
- 委託にあたっては、地域包括支援センター運営協議会の議を経る必要がある。

(介護予防支援事業の人員基準)

担当職員	・事業所ごとに 1 人以上配置 ・次のいずれかの要件を満たすもの ①保健師 ②介護支援専門員 ③社会福祉士 ④経験ある看護師 ⑤高齢者保健福祉に関する相談業務等に 3 年以上従事した社会福祉主事
管理者	事業所ごとに常勤の管理者を配置(兼務可)

管理者に職種の規定はありません！

管理者は常勤の者であればよく、**介護支援専門員である必要はない**。また、管理者や担当職員について、誤りの肢として「主任介護支援専門員の配置が義務」との出題がされるので間違えないように。

36

介護予防支　　ント

- アセスメントでは、　　や介護予防支援の 4 つの課題分析領域などから、総合的に情報を収集する。

(4 つの課題分析領域)

①
②　　を含む日常生活
③社会参加、対人関係・　　ケーション
④健康

アセスメントにより、本人の希望と現状の生活との差を明らかにします。

介護予防サービス計画作成の留意点

計画の作成者	介護予防支援事業者の担当職員が作成する。また、介護予防サービス計画に医療サービスを位置付ける場合は、**主治医等の指示**が必要である
目標指向型の計画作成	利用者の持っている生活機能を維持・改善できるよう、利用者の自立に向けた目標指向型の計画とする
地域支援事業との連続性及び一貫性	地域支援事業及び介護給付との連続性と一貫性をもった支援を行うよう配慮する
個別サービス計画作成の指導・報告の聴取	介護予防サービス事業者等に対し、個別サービス計画作成の指導をするほか、サービスの提供状況などに関する報告を少なくとも月 1 回聴取しなければならない
目標達成状況の評価	介護予防サービス計画に位置付けた期間の終了時に、計画の目標達成状況等について評価を行う

介護予防サービス計画作成後、少なくとも 3 か月に 1 回は、モニタリングをしなければならない。居宅介護支援は、1 か月に 1 回なので注意しよう。

プラス α

- 指定介護予防支援事業所の管理者は、常勤の者であることとされているが、他の職務と兼務も可能である。
- 介護予防支援でのモニタリングは、少なくとも 3 か月に 1 回、利用者の居宅を訪問して、利用者に面接して行わなければならない。

37

1 介護支援分野 13 介護予防支援事業

注意！

特に間違えやすいところや、よく問われる点についての注意喚起です。必ず押さえてください。

プラスα

さらに押さえておきたい内容や、試験で問われやすい内容を確認します。

本書は、過去 10 回の出題実績をもとに項目を洗い出し、さらに直近 5 回の傾向に沿って、厳選して絞り込んだものです。やさしくわかりやすい解説と巻末の厳選過去問で、合格に必要な知識を身につけましょう。

STEP2

過去の試験問題を分野ごとに厳選しました。繰り返し解いて力をつけましょう。

正解したらチェック！

少なくとも 2 回正解できるまで、繰り返し解きましょう。

参照ページ

本文で学習したページです。難しかった問題を復習するときは、このページに戻ってください。

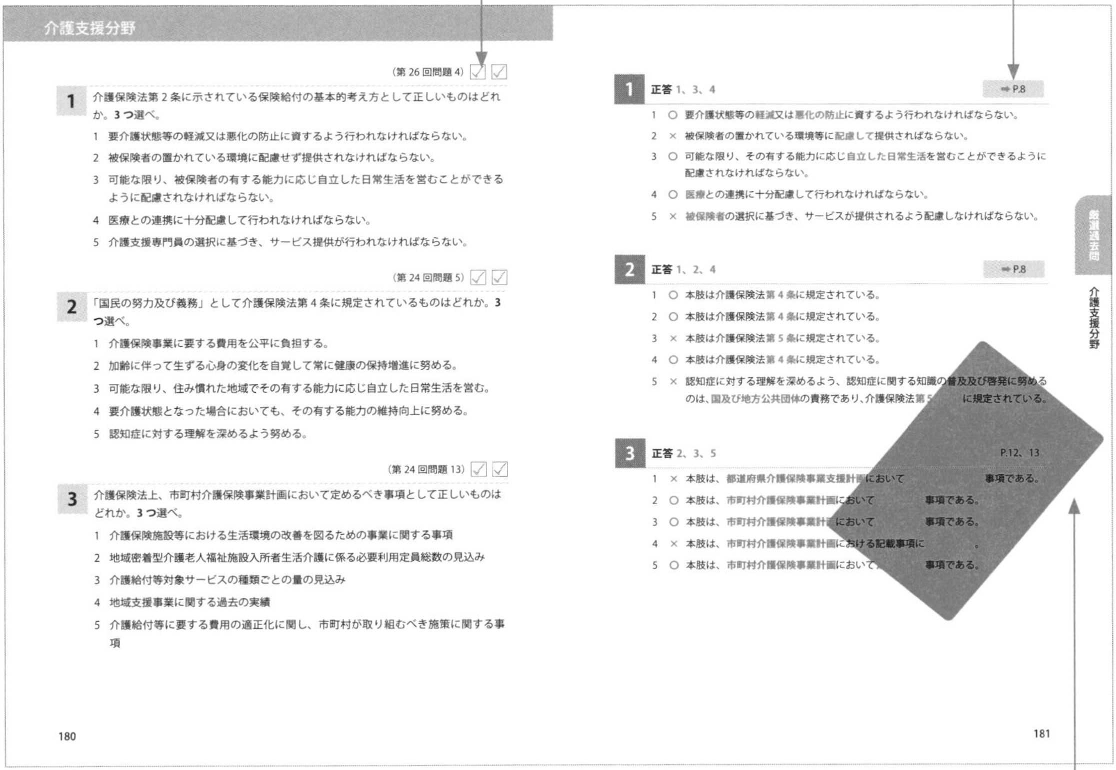

介護支援分野

（第 26 回問題 4）

1 介護保険法第 2 条に示されている保険給付の基本的考え方として正しいものはどれか。**3 つ**選べ。

1 要介護状態等の軽減又は悪化の防止に資するよう行われなければならない。

2 被保険者の置かれている環境に配慮せず提供されなければならない。

3 可能な限り、被保険者の有する能力に応じ自立した日常生活を営むことができるように配慮されなければならない。

4 医療との連携に十分配慮して行われなければならない。

5 介護支援専門員の選択に基づき、サービス提供が行われなければならない。

（第 24 回問題 5）

2 「国民の努力及び義務」として介護保険法第 4 条に規定されているものはどれか。**3 つ**選べ。

1 介護保険事業に要する費用を公平に負担する。

2 加齢に伴って生ずる心身の変化を自覚して常に健康の保持増進に努める。

3 可能な限り、住み慣れた地域でその有する能力に応じ自立した日常生活を営む。

4 要介護状態となった場合においても、その有する能力の維持向上に努める。

5 認知症に対する理解を深めるよう努める。

（第 24 回問題 13）

3 介護保険法上、市町村介護保険事業計画において定めるべき事項として正しいものはどれか。**3 つ**選べ。

1 介護保険施設等における生活環境の改善を図るための事業に関する事項

2 地域密着型介護老人福祉施設入所者生活介護に係る必要利用定員総数の見込み

3 介護給付等対象サービスの種類ごとの量の見込み

4 地域支援事業に関する過去の実績

5 介護給付等に要する費用の適正化に関し、市町村が取り組むべき施策に関する事項

180

1 **正答** 1、3、4 ➡ P.8

1 ○ 要介護状態等の軽減又は悪化の防止に資するよう行われなければならない。

2 × 被保険者の置かれている環境等に配慮して提供されればならない。

3 ○ 可能な限り、その有する能力に応じ自立した日常生活を営むことができるように配慮されなければならない。

4 ○ 医療との連携に十分配慮して行われなければならない。

5 × 被保険者の選択に基づき、サービスが提供されるよう配慮しなければならない。

2 **正答** 1、2、4 ➡ P.8

1 ○ 本肢は介護保険法第 4 条に規定されている。

2 ○ 本肢は介護保険法第 4 条に規定されている。

3 × 本肢は介護保険法第 5 条に規定されている。

4 ○ 本肢は介護保険法第 4 条に規定されている。

5 × 認知症に対する理解を深めるよう、認知症に関する知識の普及及び啓発に努めるのは、国及び地方公共団体の責務であり、介護保険法第 5　　に規定されている。

3 **正答** 2、3、5 P.12、13

1 × 本肢は、都道府県介護保険事業支援計画において　　　事項である。

2 ○ 本肢は、市町村介護保険事業計画において　　　事項である。

3 ○ 本肢は、市町村介護保険事業計画において　　　事項である。

4 × 本肢は、市町村介護保険事業計画における記載事項に　　　。

5 ○ 本肢は、市町村介護保険事業計画において　　　事項である。

181

厳選過去問

介護支援分野

赤シート

穴埋め問題としても活用できます。

※本書は原則として 2023 年 10 月現在において施行されている法令に基づいて編集しています。ただし、編集時点で入手できた法令等改正情報はできるだけ反映しています。

※ここに掲載しているページは見本です。

CONTENTS

受験ガイダンス

本書に記載されている試験情報は、第 26 回試験を参考にしています。変更になる可能性がありますので、受験される方は、必ず都道府県の試験実施部署等で最新の情報をご確認ください。

（1）受験資格

①	特定の国家資格等の所持者	医師、歯科医師、薬剤師、保健師、助産師、看護師、准看護師、理学療法士、作業療法士、社会福祉士、介護福祉士、視能訓練士、義肢装具士、歯科衛生士、言語聴覚士、あん摩マッサージ指圧師、はり師・きゅう師、柔道整復師、栄養士（管理栄養士含む）、精神保健福祉士
②	生活相談員	介護老人福祉施設等において、相談援助業務に従事する生活相談員
③	支援相談員	介護老人保健施設において、相談援助業務に従事する支援相談員
④	相談支援専門員	障害者総合支援法及び児童福祉法に規定する事業の従事者として従事する相談支援専門員
⑤	主任相談支援員	生活困窮者自立支援法に規定する事業の従事者として従事する主任相談支援員

※それぞれの資格において、従事した期間が 5 年以上かつ従事した日数が 900 日以上必要です。また、受験資格は細かく規定されていますので、ご自身が受験資格を有しているかどうかについては、各都道府県の担当部署にお問い合わせのうえご確認ください。

（2）受験地

勤務地での受験	受験申込みの時点で、受験資格に該当する業務に従事している勤務先がある都道府県
住所地での受験	無職又は受験資格は持っているものの現在は他の業務に従事しているときは住所地のある都道府県

（3）出題方法・出題範囲

出題は、五肢複択方式で、形式はマークシート方式です。

区分		問題数	試験時間
介護支援分野	介護保険制度の基礎知識 要介護認定等の基礎知識 居宅・施設サービス計画の基礎知識等	25 問	120 分 ※点字受験者 180 分 ※弱視等受験者 156 分
保健医療福祉サービス分野	保健医療サービスの知識等	20 問	
	福祉サービスの知識等	15 問	
合計		60 問	

Part 1

介護支援分野

項目	出題実績				
1 介護保険法	26	25	24	23	再
2 介護保険制度の現況	26	25	24	23	再
3 介護保険事業計画	26	25	24	23	再
4 地域支援事業	26	25	24	23	再
5 共生型サービス	26	25	24	23	再
6 介護支援専門員の責務	26	25	24	23	再
7 事業者の指定・更新	26	25	24	23	再
8 他法との関係	26	25	24	23	再
9 審査請求	26	25	24	23	再
10 基本方針・人員基準	26	25	24	23	再
11 居宅サービス計画	26	25	24	23	再
12 サービス担当者会議	26	25	24	23	再
13 介護予防支援事業	26	25	24	23	再
14 施設サービス計画	26	25	24	23	再
15 被保険者資格	26	25	24	23	再
16 住所地特例	26	25	24	23	再
17 要介護認定の概要	26	25	24	23	再
18 認定調査と主治医意見書	26	25	24	23	再
19 審査・判定	26	25	24	23	再
20 認定と有効期間	26	25	24	23	再
21 国・地方公共団体の事務	26	25	24	23	再
22 情報公表制度	26	25	24	23	再
23 国民健康保険団体連合会	26	25	24	23	再
24 介護保険財政	26	25	24	23	再
25 財政安定化基金	26	25	24	23	再
26 保険給付の種類	26	25	24	23	再
27 利用者負担	26	25	24	23	再
28 保険料の徴収・滞納	26	25	24	23	再
29 低所得者対策	26	25	24	23	再

出題実績
26 25 24 23 再
連続出題中
でる確率 99 %
100 50 0

1 介護保険法

介護保険制度

ココがポイント

介護保険法は、急速な高齢社会の進展に対応するため、2000（平成 12）年に施行されました。過去の試験で問われた同法**第 1 条**、**第 2 条**、**第 4 条**、**第 5 条**の文言は、今後も出題される可能性が高く、それぞれのキーワードを分けて整理しておくことが大切です。

介護保険法の基本理念

介護保険制度の目的 （第 1 条）	• **利用者の尊厳**の保持 • 能力に応じ**自立した日常生活**の支援 • 国民の**保健医療の向上**及び**福祉**の増進
介護給付の理念 （第 2 条）	• 要介護・要支援状態の**軽減**、**悪化の防止** • 医療との**連携** • **被保険者**の選択に基づく**総合的**・**効率的**なサービスの提供 • **多様**な事業者及び施設からのサービスの提供 • 居宅における**自立した日常生活**の重視
国民の努力及び義務 （第 4 条）	• 要介護状態にならないために、常に**健康の保持増進**に努める • 要介護状態となっても、進んでリハビリテーションや適切なサービスを利用して、**能力の維持向上**に努める • 共同連帯の理念に基づき、**費用を公平に負担**する
国及び地方公共団体の責務 （第 5 条）	（国の責務） • 介護保険事業の健全かつ円滑な運営のための**体制確保**に関する施策その他必要な措置 （都道府県の責務） • 介護保険事業の健全かつ円滑な運営のための**必要な助言**及び**適切な援助** （国・地方公共団体の責務） • **保健医療**サービス及び**福祉**サービスに関する施策 • 要介護状態等となることの予防、軽減もしくは悪化防止のための施策並びに地域における**自立した日常生活**の支援のための施策 • **医療**及び**居住**に関する施策との有機的な連携 • 障害者その他の者の福祉に関する施策との有機的な連携 • **地域共生社会**の実現 • 認知症に関する施策の総合的な推進

「**自立した日常生活**」は、第１条、第２条、第５条ではあるが、**第４条では規定されていない**。第24回では第４条に含まれるかどうかが問われた。

社会保険方式

- 社会保障は、財源の調達方法によって分けると、**社会保険方式**と**社会扶助方式**に分けられる。

（社会保障の体系）

社会保険方式	主な財源	**保険料**
	利用したサービス費用の一定率を負担する**応益負担**が基本となる	
	医療保険、年金保険、労災保険、雇用保険、**介護保険**	
社会扶助方式	主な財源	公費（租税）
	所得に応じてサービス費用を負担する**応能負担**により提供される	
	生活保護、高齢者福祉、児童福祉、障害者福祉など	

（社会保険の分類）

対象区域・領域	**職域**保険	健康保険、厚生年金、労災保険、雇用保険など
	地域保険	国民健康保険、国民年金、**介護保険**
加入期間・給付期間、財政形態	**短期**保険	医療保険、雇用保険、介護保険など
	長期保険	年金（国民年金、厚生年金）など

医療保険や介護保険の主な財源は**保険料**であり、**応益**負担が原則である。生活保護や児童福祉の主な財源は**公費**であり、**応能**負担が原則である。

プラス＋α アルファ

- 都道府県の責務として、介護保険事業の運営が健全かつ円滑に行われるように、必要な助言及び適切な援助をするにあたっては、介護サービス事業所等の業務の**効率化**、介護サービスの**質**の向上その他の**生産性**の向上に資する取組が促進されるよう努めることとされている（2024年４月～）。
- 介護保険は、主な財源を**保険料**とする**社会保険**方式で、市町村を保険者とし、その住民を被保険者とする**地域保険**である。

介護保険制度

2 介護保険制度の現況

出題実績

26 25 24 23 再

でる確率 70 %

100 50 0

ココがポイント

介護保険は、**社会保険**です。高齢化などを背景に、要介護等認定者も増え続けています。試験では、社会保険の内容や概要、高齢化や要介護認定の状況などが問われています。データは、おおまかな状況を把握するので十分でしょう。

社会保険方式

- 日本の社会保障制度は、大きく①**社会保険**、②**公的扶助**、③**社会福祉**の３つに分けられる。
- 介護保険は、**社会保険**に含まれる。

（社会保障制度）

①社会保険	医療保険、介護保険、**年金保険**、**雇用保険**、労働者災害補償保険
②公的扶助	生活保護制度
③社会福祉	高齢者福祉、障害者福祉、児童福祉、社会手当

（社会保険方式の概要）

特徴	・原則として**強制**加入 ・**社会保険料**の納付が必要 ・**保険事故**（給付の原因）があった場合に加入者に受給権を保障する ・リスクを分散して相互に支え合うという**共助**の仕組み
財源	主に**保険料**で、国や地方公共団体、利用者も負担している

社会保険は、公的扶助などと違い、加入手続きをとっていない場合や、保険料の納付をしていない場合は、給付を受けられないことがあります。

高齢化の状況

- 2025（令和７）年には、いわゆる団塊の世代が **75** 歳に達する。
- 国立社会保障・人口問題研究所「日本の将来推計人口（令和５年推計）」によると、高齢化率は、2020 年の 28.6％から 2070 年には **38.7**％に上昇する。
- 65 歳以上の者のいる世帯では「**夫婦のみ**の世帯」の割合が一番多い（2022（令和４）年国民生活基礎調査）。

（65 歳以上の者のいる世帯の世帯構造）

「2025 年」は、**団塊の世代**が 75 歳を迎える年で、「2040 年」は、**団塊ジュニア世代**が 65 歳以上になる年である。

介護保険制度の実施状況

- 要介護（要支援）と認定を受けた者は、2021（令和３）年度末で、**690** 万人である。
- 2021（令和 3）年度末における 85 歳以上の介護保険の被保険者に占める要介護（要支援）認定を受けた者の割合は、**54.5**％である（厚生労働省「令和３年度　介護保険事業状況報告」）。

（要介護（要支援）認定の年代別人口に対する割合）

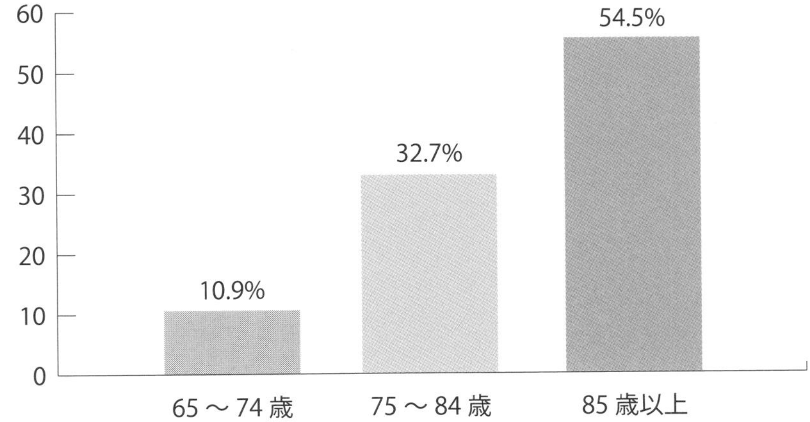

厚生労働省「令和３年度　介護保険事業状況報告」より作成

3 介護保険制度 介護保険事業計画

出題実績
26 25 24 23 再
でる確率 90 %
100 50 0

ココがポイント

介護保険事業計画には、**市町村**介護保険事業計画と、**都道府県**介護保険事業支援計画の２種類があります。それぞれの計画には、「定めるべき事項」と「定めるよう努める事項」があります。試験では、市町村と都道府県のどちらの策定事項なのかが問われます。

市町村介護保険事業計画

- 市町村は、**国**の基本方針に即して、**3**年を１期として市町村介護保険事業計画を定める。

（市町村介護保険事業計画の主な策定事項）

定めるべき事項	・**各区域における**各年度の**認知症対応型共同生活介護**、地域密着型特定施設入居者生活介護、**地域密着型介護老人福祉施設入所者生活介護**に係る必要利用定員総数その他の**介護給付等対象サービス**の種類ごとの量の見込み ・各年度における**地域支援事業**の量の見込み ・被保険者の自立した日常生活の支援、介護予防または要介護状態等の**軽減**等に要する費用の適正化に関し、市町村が取り組むべき施策や目標に関する事項
定めるよう努める事項	・介護給付等対象サービスの種類ごとの量、保険給付に要する費用の額、地域支援事業の量、地域支援事業に要する費用の額及び保険料の水準に関する**中長期的な推計** ・各年度における地域支援事業に要する費用の額と地域支援事業の見込量の確保のための方策 ・**介護支援専門員**その他の介護給付等対象サービス及び地域支援事業に従事する者の確保及び資質の向上に資する都道府県と連携した取組に関する事項 ・**認知症被保険者**への自立した日常生活の支援、教育、地域づくり、雇用に関する施策その他の関連施策との有機的な連携に関する事項その他の認知症に関する施策の総合的な推進に関する事項 ・市町村が定める区域ごとの**有料老人ホーム**及び**サービス付き高齢者向け住宅**それぞれの入居定員総数　など

都道府県介護保険事業支援計画

- 都道府県は、**国**の基本方針に即して、**3**年を1期として都道府県介護保険事業支援計画を定める。

（都道府県介護保険事業支援計画の主な策定事項）

定めるべき事項	・各区域における各年度の**介護専用型特定施設入居者生活介護**、地域密着型特定施設入居者生活介護などに係る必要利用定員総数、**介護保険施設**の種類ごとの**必要入所定員総数** ・介護給付等対象サービスの量の**見込み** ・市町村が実施する**介護予防・重度化防止**等の取組への支援に関し、都道府県が取り組むべき施策とその目標
定めるよう努める事項	・**介護サービス情報の公表**に関する事項 ・**介護支援専門員**その他の介護給付等対象サービス及び地域支援事業に従事する者の確保及び資質の向上に資する事業に関する事項 ・都道府県が定める区域ごとの**有料老人ホーム**及び**サービス付き高齢者向け住宅**のそれぞれの入居定員総数 ・医療・福祉連携推進事業に関する**市町村相互間の連絡調整**を行う事業に関する事項　など

少ない「定めるべき事項」の内容を覚え、それ以外は「定めるよう努める事項」と覚えましょう！

国の基本指針

- **国**（厚生労働大臣）が、基本指針（「介護保険事業に係る保険給付の円滑な実施を確保するための基本的な指針」）を定める。
- 基本指針は、**医療介護総合確保法**（「医療介護総合確保法に規定する総合確保法」）に即して定める。
- 基本指針を**策定**したとき、**変更**したときは、これを公表しなければならない。

（基本方針に定めること）

- **介護給付等対象サービス**を提供する体制の確保及び**地域支援事業**の実施に関する基本的事項
- 市町村介護保険事業計画においてサービスの種類ごとの量の見込みを定めるにあたって参酌すべき標準
- その他市町村介護保険事業計画及び都道府県介護保険事業支援計画の作成に関する事項
- その他介護保険事業に係る保険給付の円滑な実施を確保するために必要な事項

介護保険事業計画の方向性を定める基本方針は、国が定めることは頻出です。しっかりおさえておきましょう。

（国の基本指針と都道府県・市町村の計画との関係）

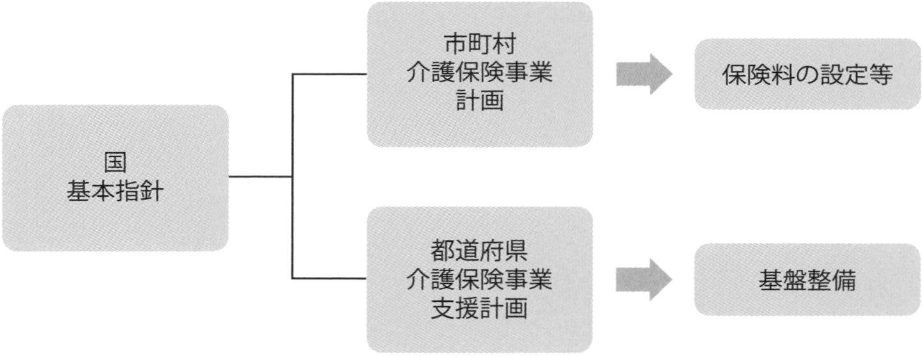

老人福祉計画などのほかの計画との関係

計画	一体	調和	整合性
市町村介護保険事業計画	**市町村老人福祉計画**	**市町村地域福祉計画・市町村高齢者居住安定確保計画**等	**市町村計画**
都道府県介護保険事業支援計画	**都道府県老人福祉計画**	**都道府県地域福祉支援計画・都道府県高齢者居住安定確保計画**等	**都道府県計画・医療計画**

「老人福祉計画＝**一体**」「地域福祉計画・居住安定確保計画＝**調和**」「医療計画＝**整合性**」と覚える。

プラス ＋α アルファ

- 厚生労働大臣は、市町村介護保険事業計画及び都道府県介護保険事業支援計画の作成、実施及び評価並びに国民の健康の保持増進及びその有する能力の維持向上に資するため、**介護保険等関連情報**について、調査及び分析を行い、その結果を公表する。
- 介護保険等関連情報のうち、サービスを利用する要介護者等の**心身の状況**等や**地域支援事業**の実施状況などの調査・分析・公表は努力義務である。
- 厚生労働大臣は、基本指針を定める場合や変更する場合、あらかじめ、**総務大臣**その他関係行政機関の長に協議しなければならず、さらに、**遅滞なく**公表しなければならない。
- 市町村介護保険事業計画の策定にあたっては、**市町村地域医療構想調整会議**の結果を考慮して作成するよう努めなければならない。（2025 年 4 月～）
- 介護保険事業（支援）計画の策定にあたっては、住民の**加齢**に伴う身体的、精神的及び社会的な特性を踏まえた医療及び介護の効果的かつ効率的な提供の重要性に留意する。（2024 年 4 月～）

出題実績
26 25 24 23 再
連続出題中
でる確率 99 %

4 介護保険制度 地域支援事業

ココがポイント

地域支援事業は、介護保険による**介護予防支援事業**です。2014（平成 26）年の介護保険法改正により再編され、事業構成が大きく変わりました。近年は、包括的支援事業の**社会保障充実分**についての出題が目立っています。

地域支援事業の構成

- 地域支援事業は、**介護予防・日常生活支援総合事業**、**包括的支援事業**、**任意事業**により構成されている。

（地域支援事業の構成）

介護予防・日常生活支援総合事業 (必須事業)	介護予防・日常生活支援サービス事業（第一号事業）	①**訪問型**サービス（第一号訪問事業） ②**通所型**サービス（第一号通所事業） ③その他**生活支援**サービス（第一号生活支援事業） ④介護予防ケアマネジメント（第一号介護予防支援事業）
	一般介護予防事業	①介護予防把握事業 ②介護予防普及啓発事業 ③地域介護予防活動支援事業 ④一般介護予防事業評価事業 ⑤地域リハビリテーション活動支援事業
包括的支援事業 (必須事業)	**地域包括支援センターの運営**	①第一号介護予防支援事業 ②**総合相談支援**事業 ③**権利擁護**事業 ④包括的・継続的ケアマネジメント支援事業
	社会保障充実分	①在宅医療・介護連携推進事業 ②生活支援体制整備事業 ③**認知症総合支援**事業 ④地域ケア会議推進事業
任意事業	①介護給付等費用適正化事業 ②家族介護支援事業 ③その他の事業	

包括的支援事業の委託先

地域包括支援センターの運営	**地域包括支援センター**に限る。委託する際は、４事業を一括して委託する ※**第一号介護予防支援事業**と**総合相談支援業務**の一部については、地域包括支援センターより**指定居宅介護支援事業所**へ委託することができる（2024年4月～）
社会保障充実分	老人福祉法上の**老人介護支援センター**の設置者など、地域包括支援センター以外に委託することも可能

包括的支援事業の**社会保障充実分**については、**地域包括支援センター以外**にも委託することが可能である。

包括的支援事業における社会保障充実分

在宅医療・介護連携推進事業	医療と介護の関係機関が連携して**在宅医療と介護を一体的に提供**するため、下記の取組みを行う ①**地域の医療・介護資源の把握**、②在宅医療・介護連携の課題の抽出と対応策の検討、③切れ目のない在宅医療と介護の提供体制の構築推進、④医療・介護関係者の情報共有の支援、⑤在宅医療・介護連携に関する相談支援、⑥**医療・介護関係者の研修**、⑦**地域住民への普及啓発**、⑧在宅医療・介護連携に関する関係市区町村の連携
生活支援体制整備事業	高齢者の社会参加及び生活支援の充実を推進するため、**生活支援コーディネーター**の配置や**協議体**の設置を行う
認知症総合支援事業	認知症である高齢者ができる限り住み慣れた地域で自分らしく暮らし続けることができる地域構築のために、**認知症初期集中支援チーム**の設置や**認知症地域支援推進員**、**チームオレンジコーディネーター**の配置を行う
地域ケア会議推進事業	**多職種協働**による個別事例の検討等を行い、地域のネットワーク構築、ケアマネジメント支援等を推進する

プラス＋α アルファ

- 認知症総合支援事業では、認知症の人や家族の支援ニーズと、認知症サポーターを中心とした支援者をつなげる仕組みであるチームオレンジの設置や活動を推進する役割を担う**チームオレンジコーディネーター**が配置される。

5 介護保険制度 共生型サービス

出題実績
26 25 24 23 再
でる確率 80 %

ココがポイント
共生型サービスは、2017（平成 29）年の改正で**新設**されました。改正翌年の第 21 回試験から連続で出題されました。出題は、**対象となるサービス**を問う基本的な問題でしたが、今後も出題の可能性があります。

共生型サービスとは

- 共生型サービスは、**介護**サービスと**障害福祉**サービスを**一体的に提供する**サービスである。
- 高齢者と障害児・者が同一の事業所でサービスを受けやすくするため、**介護保険**と**障害福祉**の両方の制度に共生型サービスが位置付けられている。
- **介護保険**または**障害福祉**のいずれかの指定を受けた事業者が、もう一方の指定を受けることのできる制度である。
- 事業所の従業者の人員は、**都道府県（または市町村）の条例**で定める員数を満たさなければならない。
- 事業の設備及び運営は、**都道府県（または市町村）の条例**で定める「指定居宅サービス等の事業の人員、設備及び運営に関する基準」に従わなければならない。
- 共生型サービスの対象は、**訪問介護**、**通所介護**、**地域密着型通所介護**、**療養通所介護**、**短期入所生活介護**、**介護予防短期入所生活介護**である。

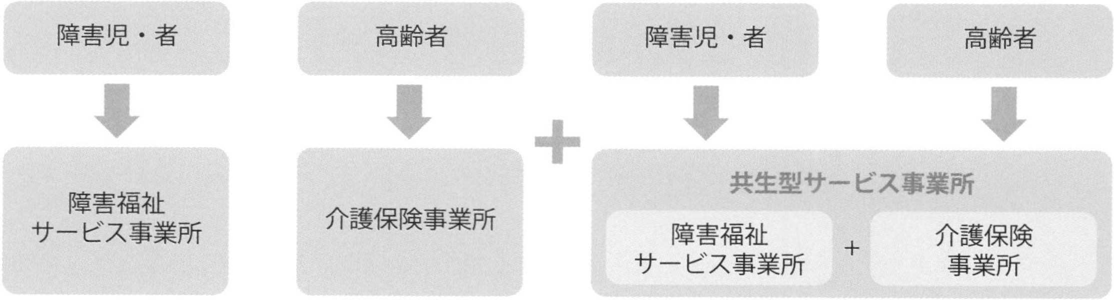

障害者が 65 歳になっても、使い慣れていた事業所を引き続き利用することができるので、本人の心理的負担も軽減されますね。

共生型居宅サービスの特例

- 障害福祉制度において居宅サービスの指定を受けているサービス事業者は、**介護保険の居宅サービス**（**訪問介護・通所介護・短期入所生活介護**）にかかる指定の申請ができる。
- 介護保険制度において居宅サービスの指定を受けている介護サービス事業者は、**障害福祉サービスの居宅サービス**にかかる指定の申請ができる。
- 都道府県知事は、サービス事業者が**都道府県の条例**で定める基準を満たしているときは、指定をすることができる。

（共生型居宅サービスの特例対象となるサービス）

指定を受けている障害福祉サービス等	特例の対象となる居宅サービス
・**居宅介護** ・重度訪問介護	**訪問介護**（ホームヘルプサービス）
・生活介護 ・自立訓練（機能訓練・生活訓練） ・児童発達支援 ・放課後等デイサービス	**通所介護**（デイサービス）
短期入所生活介護	短期入所（ショートステイ）

このような指定を受けた事業者のことを共生型居宅サービス事業者といいます。

障害福祉制度において一定の指定を受けた事業所とは、**児童福祉法**に基づく**指定障害児通所支援事業者**または**障害者総合支援法**に基づく**指定障害福祉サービス事業者**のことである。**障害児**支援に係る事業者も対象となることに注意。

プラス α アルファ

- 共生型サービス事業者の特例は、**介護予防**サービス事業、**地域密着型**サービス事業、**地域密着型介護予防**サービス事業についても、同様の指定の特例が設けられている。
- ケアマネジャーと**相談支援専門員**は、支援に必要な情報を共有できるよう連携を図る。

6 介護保険制度 介護支援専門員の責務

出題実績 26 25 24 23 再

連続出題中

でる確率 99 %

100 50 0

ココがポイント

介護保険制度の創設に伴い生まれた資格・職種である介護支援専門員（ケアマネジャー）は、介護支援サービス機能の要となる役割を担います。試験では、介護支援専門員の**基本姿勢**や介護支援専門員の**義務**が理解できているかが問われています。

介護支援専門員の義務

公正・**誠実**な業務遂行義務	要介護者等の立場に立ち、特定のサービスや特定の事業者・施設に**不当に偏ったサービス提供にならないよう**、公正かつ誠実に業務を行わなければならない
基準遵守義務	**厚生労働省の規定する基準**に従って業務を行わなければならない
資質向上努力義務	要介護者等が自立した日常生活を営むのに必要な援助に関する専門的知識及び技術の水準を向上させ、その他資質の向上を図るよう努めなければならない
介護支援専門員証の不正使用の禁止	介護支援専門員証を不正に使用してはならない
名義貸しの禁止	介護支援専門員としての名義を他人に使用させてはならない
信用失墜行為の禁止	介護支援専門員の信用を失わせるような行為をしてはならない
秘密保持義務	業務に関して知り得た人の秘密を漏らしてはならない。**介護支援専門員でなくなった後にも**その義務は続く

介護保険法第 69 条の 34 ～ 37 には、**介護支援専門員の義務**が規定されている。別に規定されているものやそれらしいものを混ぜて選ぶ出題があった。ここに規定されているものとして、しっかり覚えておきたい。

資質向上努力義務は、2014（平成 26）年の改正で追加されたものです。

介護支援専門員の基本倫理

基本的人権と**個人の尊厳**	要介護状態になっても、**基本的人権や個人の尊厳を保ちながら自立（自律）した日常生活**を送れるよう、介護支援専門員は人権に関する知識を得ること、その価値観を態度で示すこと、そのための技能を身に付ける
利用者の**主体性**とケアマネジャーの**公平性**・**中立性**	決定権のある利用者が、適切な選択ができるよう、情報提供の主な担い手である介護支援専門員は、公平性・中立性を持つ
社会的責任	介護支援専門員は、**高度な専門知識と技能をもつ専門職**として、その行動規範に則り、法令を遵守して社会に貢献することでその専門職に寄せられる期待に応えるとともに、自身の行動が介護支援専門員全体の社会的信頼につながることを忘れてはならない
法令遵守	介護支援専門員は、介護保険法をはじめとして、遵守すべき法律や支援過程において活用すべき制度や施策が多数ある。なかでも**個人情報保護法**は、細心の注意を払わなければならない法律の一つである。常に、利用者に関する情報管理の方法が十分かを確認し、情報保護の精度を高めていく姿勢が求められる

⚠ 事例問題での出題が目立ち、比較的得点しやすい。基本として理解し、確実に正解したい。

プラス α アルファ

- 介護支援専門員は、**都道府県知事**の登録を受けられる。登録を受けた者は、介護支援専門員証の交付を申請できる。
- 介護支援専門員証の有効期間は原則**5**年で、申請により更新可能。更新する際には**更新研修**が必要である。
- 介護支援専門員は、**退職した**後であっても、業務に関して知り得た人の秘密を**正当な理由**なしに漏らしてはならない。

災害時において、人の生命を守るための必要があり、本人の同意を得ることが困難な場合は、本人の同意を得ずに情報提供することが可能です。

7 介護保険制度 事業者の指定・更新

出題実績 26 25 24 23 再

でる確率 80 %

ココがポイント

介護保険サービスを提供する事業者・施設は、**都道府県知事または市町村長の指定**（許可）を受ける必要があります。試験では、都道府県知事と市町村長の**どちらが指定**（許可）**を行うのか**が問われます。

事業者・施設の指定

- 介護保険サービスを行う事業者や施設は、**都道府県知事**または**市町村長**の**指定（許可）**を受ける必要がある。

（事業者・施設の指定権者）

	都道府県知事の指定／許可	**市町村長**の指定
居宅サービス	・指定居宅サービス事業者 ・指定介護予防サービス事業者	
支援サービス		・指定居宅介護支援事業者 ・指定介護予防支援事業者
施設サービス	・介護老人福祉施設 ・介護老人保健施設（**許可**） ・介護医療院（**許可**）	
地域密着型サービス		・指定地域密着型サービス事業者 ・指定地域密着型介護予防サービス事業者

2023（令和５）年の法改正により、介護予防支援について、**居宅介護支援事業者**も市町村からの指定を受けて業務が実施可能となった。（2024 年４月～）

指定の条件と特例

- 都道府県知事や市町村長は、次のような条件を満たしている場合に、指定を行うことができる。

①申請者が都道府県（市町村）の条例で定める者である場合
②申請に係る事業所の従業者の知識・技能や人員が基準を満たしている場合
③設備・運営基準に従って適正な事業運営ができると認められる場合　など

- 申請をしなくても指定を受けていると**みなされる**特例（**みなし指定**）がある。

（みなし指定の対象）

事業者	みなし指定の対象サービス（介護予防サービスも同じ）
病院・診療所	居宅療養管理指導、訪問看護、訪問リハビリテーション、通所リハビリテーション、短期入所療養介護
薬局	居宅療養管理指導
介護老人保健施設・介護医療院	短期入所療養介護、通所リハビリテーション

⚠ 市町村は、特に必要と認める場合、**地域密着型サービス**について、期間を定めて事業者の指定を公募によって行う。

指定の更新

- 指定を受けたサービス事業者や施設は、**6**年ごとに**指定（許可）の更新**を受けなければならない。
- 受けなかった場合は、指定（許可）の**効力**を失う。

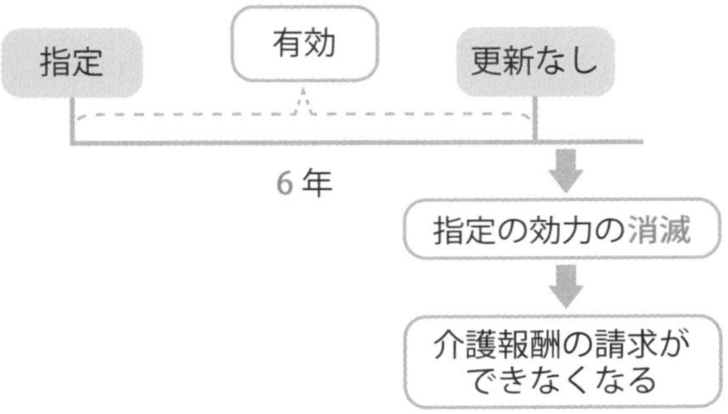

次ページに定める取消しの要件に該当するときは、指定の更新を受けることはできません。

指定の取消し・効力停止

- **指定を行った都道府県知事または市町村長**は、サービス事業者が、次の取消しの要件に該当する場合は、期間を定めて指定の全部または一部の**効力停止**を行える。

（取消しの要件）

- サービス事業者が、指定に係る一定の**欠格要件**に該当した場合
- サービス事業者が、**人員基準**を満たすことができなくなった場合
- サービス事業者が**設備・運営基準**に従って適正な事業の運営ができなくなった場合
- 居宅介護サービス費（介護報酬）の請求に関し**不正**があった場合
- サービス事業者が、報告や帳簿書類の提出・提示の**命令**に従わない場合や**虚偽**の報告をした場合
- サービス事業者が、介護保険法などの一定の法律の規定・命令・処分に**違反**した場合

など

指導・監督

（指導・監督）

事業者・施設	市町村長	都道府県知事
居宅サービス事業者 介護予防サービス事業者 介護老人福祉施設 介護老人保健施設 介護医療院	報告・立入検査等	報告・立入検査等 勧告・命令等
居宅介護支援事業者 介護予防支援事業者 地域密着型サービス事業者 地域密着型介護予防サービス事業者	報告・立入検査等 勧告・命令等	

居宅サービスと施設サービスは、都道府県知事の指定（許可）だが、**市町村長も報告・立入検査**ができる。

出題実績
26 25 24 23 再
でる確率 70 %

8 介護保険制度 他法との関係

ココがポイント
介護保険と同様の給付がある場合は、**どちらかを給付**します。二重給付は原則として行われません。**どちらの法律が優先されるのか**という原則をおさえるとともに、例外についても理解しておきましょう。

災害補償関係各法の療養補償等との調整

- 災害補償関係各法の療養補償等と介護保険で重複する部分の給付は、**労災保険による給付が優先**される。

（介護保険に優先する給付を行う法律）

労働災害や**公務災害**に対する補償の給付を行う法律	・**労働者災害補償保険法** ・船員保険法 ・労働基準法 ・国家（地方）公務員災害補償法　など
国家補償的な給付を行う法律	・**戦傷病者特別援護法** ・原子爆弾被爆者に対する援護に関する法律　など

労働者災害補償保険法と介護保険法の給付調整はよく問われます。「労災保険優先」を忘れないように。

老人福祉法上の措置との関係

- 介護保険から給付が行われるときは、保険給付が行われる限度において老人福祉法に基づく**公費**からの支給は行われない。
- やむを得ない事情で介護保険からのサービスが受けられない場合、老人福祉法に基づく**措置**によるサービス提供が行われる。

生活保護法との関係

- 生活保護には**他法優先の原則**があり、**介護保険**の給付が優先される（利用者負担分については、生活保護の**介護扶助**による支給が行われる〔併用〕）。
- 生活保護法の場合は、単独と併用の2種類の給付方法がある。
- 40歳以上65歳未満の場合、**医療保険**の加入者であることが介護保険加入の要件となっているため、**医療保険に加入していない者は、第2号被保険者とはならない**。
- 医療保険に加入していない40歳以上65歳未満の者は、介護保険からは給付が行われず、**全額**、生活保護の**介護扶助**による支給が行われる（単独）。
- 65歳以上の場合は、医療保険の加入・非加入を問わず**第1号被保険者**となるため、全員が「**併用**」の扱いとなる。

（介護保険と医療保険、生活保護の関係）

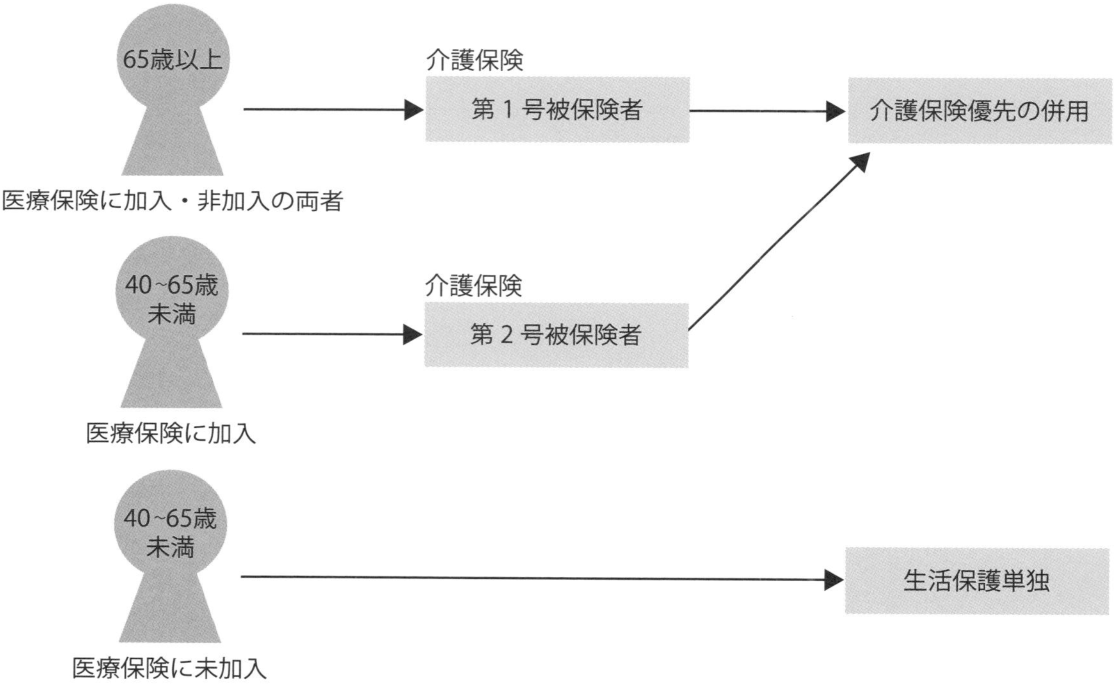

医療保険各法との関係

- 介護保険と医療保険で給付が重なるものがある場合には、原則として**介護保険が優先**し、**医療保険**からは給付されない。

- 介護医療院や指定介護療養型医療施設の入所者については、原則として**医療保険**からではなく、**介護保険**から給付が行われる。

給付が重なるものとして、訪問看護、居宅療養管理指導などがあります。

⚠ 介護医療院や指定介護療養型医療施設の入所者については、原則として**介護保険**から給付が行われるが、**入所者の歯の治療や手術等の急性期医療**については、**医療保険**から給付される。

その他の法律との関係

- 介護保険の被保険者が障害者であって、**障害者総合支援法**における自立支援給付と同様の給付を介護保険から受けることができる場合には、**介護保険**の給付が優先される。
- **公費負担医療制度**（感染症の予防及び感染症の患者に対する医療に関する法律など）による給付と、介護保険の給付が重複する場合は、**介護保険**の給付が優先される。

（給付調整について優先される法律）

介護保険法が優先される法律	介護保険法よりも優先される法律
・**医療保険各法** ・**障害者総合支援法** ・**生活保護法** ・**公費負担医療各法**	・災害補償関係各法 ・老人福祉法上の措置

老人福祉法上の措置は、やむを得ない理由で介護保険サービスの利用が困難な場合に行われますので、こちらが優先されるのは当然ですね。

⚠ 障害者総合支援法による**行動援護**は、介護保険と**重複**しない**障害者福祉固有のサービス**のため、要介護認定を受けた者も**利用できる**。

9

介護保険制度

審査請求

出題実績
26 25 24 23 再
でる確率 80 %
100 50 0

ココがポイント

保険者である市町村が行った行政処分に不服がある場合は、被保険者は第三者機関である**介護保険審査会**に審査請求を行うことができます。試験では、介護保険審査会へ審査請求できる事項や介護保険審査会の**構成**や**委員**などが問われています。

審査請求

- **市町村**が行った処分について不服がある場合は、**介護保険審査会**に**審査請求（不服申立て）**を行うことができる。
- 審査請求は、**処分があったことを知った日の翌日から** **3** か月以内に行わなければならない。

（審査請求できる事項）

①**保険給付**に関する処分（**被保険者証の交付の請求**に関する処分、**要介護認定**または**要支援認定**に関する処分を含む）
②**保険料**その他介護保険法の規定による**徴収金**に関する処分（ただし財政安定化基金拠出金、介護給付費・地域支援事業支援納付金及びその納付金を滞納した場合の延滞金に関する処分を除く）

（審査請求の流れ）

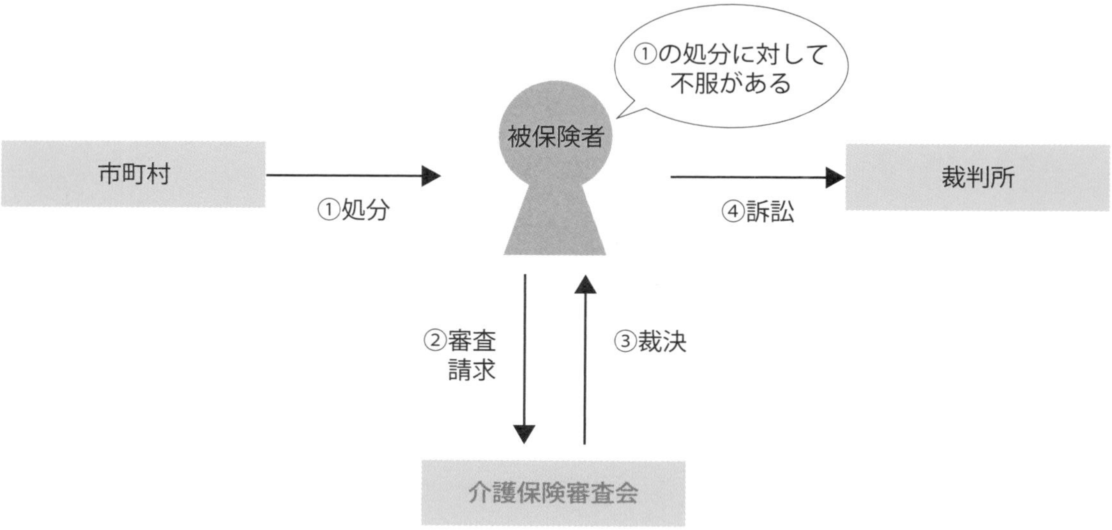

介護保険審査会

- 介護保険審査会は、各**都道府県**に一つずつ、**知事に付属する第三者機関**として設置される。

委員の構成	**都道府県知事**が任命し、再任も可能 ・被保険者代表委員　**3**人 ・市町村代表委員　**3**人 ・公益代表委員　**3**人以上 公益代表委員の中から、**選挙**で会長を１人選任

委員は非常勤で、身分は地方公務員の特別職。守秘義務が課せられており、違反すると罰則が適用されます。

（介護保険審査会における審査）

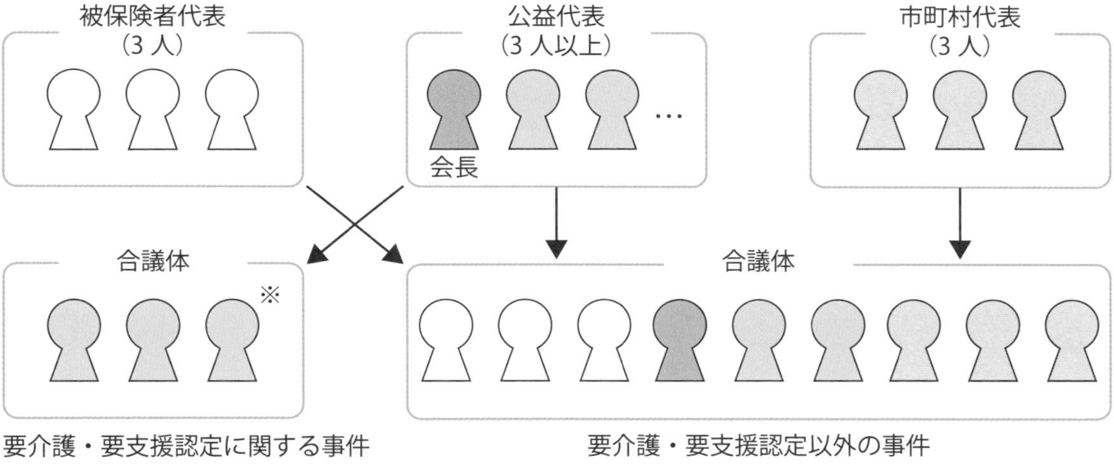

※都道府県の条例で定める数

要介護・要支援認定に関する事件は**公益代表委員**からなる合議体で扱う。それ以外の処分に関する事件は会長を含む公益代表委員、被保険者代表委員、市町村代表委員の９人による合議体で扱う。

プラス＋α アルファ

- 審査請求に対する裁決を経た後でなければ、裁判所に対して取消訴訟をすることができない（**審査請求前置**）。ただし、審査請求があった日から３か月を経過しても裁決がないときは、裁決を経ないで訴訟をすることができる。

出題実績
26 25 24 23 再
連続出題中
でる確率 99 %
100 50 0

10 居宅介護支援
基本方針・人員基準

ココがポイント
居宅介護支援は、居宅要介護者が居宅サービスなどの適切な利用ができるように、**居宅サービス計画の作成**や**居宅サービス事業者などとの連絡調整**などを行います。試験では、**基本方針**等の内容を理解できているかが問われています。

居宅介護支援事業の基本方針

①**居宅**における自立した**日常生活**への配慮	要介護者が可能な限りその**居宅**において、その有する能力に応じて自立した**日常生活**を営むことができるように配慮する
②**利用者**によるサービスの選択と**総合的**・**効率的**な提供	利用者の心身の状況、その置かれている環境等に応じて、**利用者**の選択に基づき、多様な事業者から**総合的**かつ**効率的**に提供されるよう配慮する
③**公正中立**	利用者の意思や人格を尊重し、常に利用者の立場に立って考え、居宅サービス等が特定の種類または特定の事業者に不当に偏ることのないよう、**公正中立**に行う
④**連携**	市町村、地域包括支援センター、老人介護支援センター、他の指定居宅介護支援事業者、指定介護予防支援事業者、介護保険施設、**障害者総合支援法**に規定する**指定特定相談支援事業者**等との**連携**に努める

居宅介護支援事業の人員基準

介護支援専門員	・事業所ごとに必ず 1 人以上の**常勤の介護支援専門員**を配置 ・利用者 **35** 人またはその端数を増すごとに増員（増員分は**非常勤**可）
管理者	・事業所ごとに**常勤**で**専任**の管理者を配置（支障がない限り、介護支援専門員の兼務や**同一敷地内にある**他の事業所の職務との兼務が可能） ・**主任介護支援専門員**でなければならない※

※ 2027 年 3 月末までの経過措置があり、それまでは介護支援専門員でもよい

⚠ 管理者の**職務兼務**が可能な場合の内容をきちんと理解しておく。他の事業所の職務との兼務が可能なのは事業所が「**同一敷地内にある**」場合である。

居宅介護支援事業のサービス利用に関する基準

内容及び手続きの説明と同意	・あらかじめ、利用者やその家族に対して、事業の運営規程の概要などの重要事項を記した文書を**交付**して内容を**説明**し、**同意**を得なければならない ・あらかじめ、居宅サービス計画が基本方針及び**利用者**の希望に基づき作成されるものであることを説明し、理解を得なければならない など
提供拒否の禁止	正当な理由なく居宅介護支援の提供を拒んではならない。正当な理由とは、①当該事業所の**現員**では利用申込に応じきれない、②利用申込者の居住地が事業の**実施地域外**、③利用申込者が**他の居宅介護支援事業者**にも併せて依頼している　など
受給資格等の確認	利用者の**被保険者証**で被保険者資格、認定の有無、有効期間を確認する
身分証の携行	介護支援専門員証を携行し、初回訪問時や利用者・家族から求めがあったときは**提示**する
利用料の受領	・償還払いの場合の利用料と現物給付の場合の利用料の額との間に、**不合理な差**を設けない ・通常の事業の実施地域を超える場合は、**交通費**の支払いを受けられる
保険給付請求のための証明書の交付	**償還払い**の場合に利用料の額等を記載した指定居宅介護支援提供証明書を利用者に交付する

+《プラス》α《アルファ》

- 事業所ごとに、**常勤**かつ**主任介護支援専門員**の管理者を置かなければならない（2027年3月末までの経過措置あり）。
- 運営規程は**事業所**ごとに定める。
- 地域ケア会議から個別のケアマネジメント事例の検討を行うための**資料**や**情報**の提供、**意見**の開陳などの求めがあった場合は、協力するよう努めなければならない。

出題実績

26 25 24 23 再

連続出題中

でる確率 99 %

11 居宅介護支援

居宅サービス計画

ココがポイント

介護保険に欠かせない居宅サービス計画の作成は、**介護支援専門員**が担当します。第 23 回では**計画作成上の留意点**に関する出題でした。第 22 回再試験では、頻出の**アセスメント**や**モニタリング**と併せて、**計画作成上の留意点**について問われました。

アセスメント

- 介護支援専門員は、要介護者が社会生活を営む上で必要な**生活ニーズ**を把握するため、アセスメントを実施する。
- アセスメントでは、**課題分析票**を利用する。
- 課題分析票は 23 項目あり、次の 7 つの次元に分けることができる。

（課題分析票の 7 つの次元）

①日常生活動作（ADL） ②身体的健康 ③精神的健康 ④**社会関係** ⑤**経済状況** ⑥**住生活環境** ⑦**ケア提供者**の状況

アセスメントでは利用者の**居宅**を訪問し、利用者・家族との**面接**を行う。なお、利用者が入院中の場合は、**病院**を訪問して行う。

居宅サービス計画作成時の留意点

総合的な居宅サービス計画の作成	介護給付等対象サービス以外の保健医療サービスまたは福祉サービス、住民による**自発的な活動**によるサービス等の利用も含めて居宅サービス計画上に位置付けるように努める
医療サービスを位置付けた場合の主治医等との連携	利用者が医療サービスの利用を希望した場合は、**主治の医師等の意見**を求めなければならない。その場合、主治医等に作成した居宅サービス計画を**交付**しなければならない
訪問介護利用時の市町村への届出	一定回数以上の**訪問介護**（生活援助）を居宅サービス計画に位置付ける場合、市町村へ届け出なければならない

短期入所サービスの位置付け	居宅サービス計画に**短期入所生活介護**または**短期入所療養介護**を位置付ける場合には、原則、利用日数が**要介護認定有効期間**のおおむね**半数**を超えないようにしなければならない
福祉用具の位置付け	居宅サービス計画に福祉用具貸与もしくは特定福祉用具販売を位置付ける場合、その利用の**妥当性を検討**し、**必要な理由**を記載しなければならない
介護認定審査会意見等の反映	被保険者証に、サービスの種類の指定等について記載されている場合は、利用者にその趣旨を説明し、その内容に沿って計画を作成しなければならない

モニタリング

- 介護支援専門員は、モニタリングを行い、居宅サービス計画の**実施状況**を把握する。
- モニタリング後、必要に応じて**再アセスメント**を実施して**居宅サービス計画を変更**する。
- モニタリングは、少なくとも**1**か月に**1**回利用者の居宅を訪問し、利用者に面接して行わなければならない。
- 少なくとも**1**か月に**1**回は、モニタリングの結果を記録しなければならない。

（居宅サービス計画作成と関連業務の流れ）

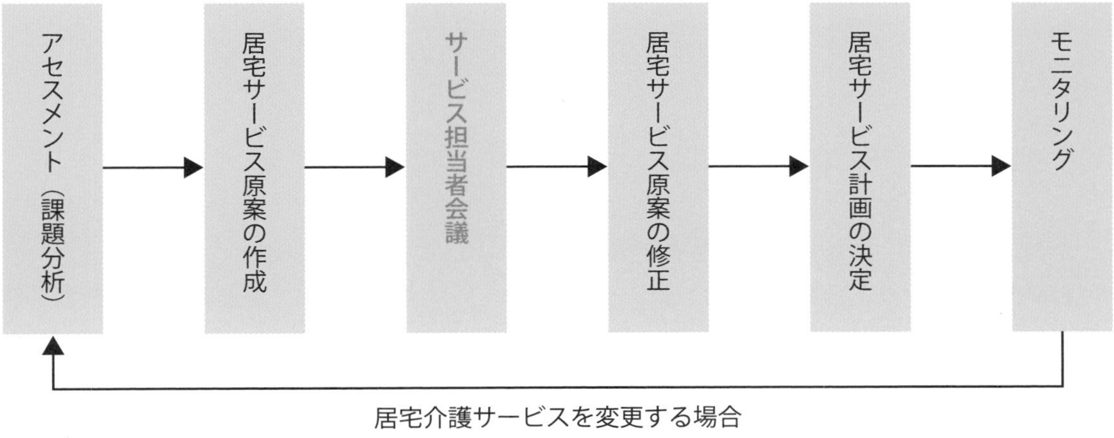

居宅介護支援でのモニタリングの実施と記録は、**両方とも**「**1**か月に**1**回」以上である。

プラスα アルファ

- 利用者が医療サービスの利用を希望した場合は、**主治の医師等**の意見を求め、**主治の医師等**に作成した居宅サービス計画を交付しなければならない。

出題実績
26 25 24 23 再
でる確率 90 %
100 50 0

居宅介護支援

12 サービス担当者会議

ココがポイント

居宅サービス計画原案のブラッシュアップを目的に、担当者が一堂に会するサービス担当者会議にて、原案を共有し**専門的意見**を求めることが義務付けられています。試験では、**参加メンバー**や**開催時期**に関する出題が目立ちます。

サービス担当者会議

（サービス担当者会議の目的）

①支援チームの**目標**を定める
②支援チーム内でのアセスメントの内容等の**情報共有**をする
③支援チームメンバーの創意工夫を取り入れて**居宅サービス計画**を練り上げる　など

（サービス担当者会議の参加者）

- 利用者やその家族
- 介護支援専門員
- **居宅サービス計画原案**に位置付けたサービスの担当者・主治医　など

- サービス担当者会議は、**介護支援専門員**が招集して開催する。
- 出席できないやむを得ない理由がある場合は、**サービス担当者に対する照会**等により意見を求めることが可能である。

介護支援専門員は、司会進行役も務めます。また、民生委員などのインフォーマルサービスの担当者に参加してもらうこともあります。

⚠ 計画原案に位置付けていないサービス事業所の職員や民生委員などを、招集することはできない。招集できるのは、**計画に位置付けた**「**担当者**」のみである。また、招集・開催するのは**介護支援専門員**である。だれが招集・開催するのかが頻繁に問われている。

サービス担当者会議の開催時期

- サービス担当者会議は、原則として下記の時期に開催する。

①居宅サービス計画の**新規**作成・**変更**
②要介護**更新**認定
③要介護状態**区分変更**認定

アセスメントやモニタリングの実施時期と混同しないように注意しましょう。

⚠ ケアプランの変更内容が「**軽微な変更**」である場合は、**必ずしもサービス担当者会議を開催する必要はない**。たとえば、単にサービス提供の曜日を変更する場合など。

サービス担当者会議の記録

- サービス担当者会議の内容は、必ず**記録**しておかなければならない。
- 記録には、やむを得ない理由で欠席した担当者の**同意**を記録しなければならない。また、欠席者の意見がある場合はそれも記録する。
- 記録は、サービス完結の日から **2** 年間保存しなければならない。

プラス＋α アルファ

- サービス担当者会議は、居宅サービス計画の**原案作成後**に行う。
- サービス担当者会議に出席できない「やむを得ない理由」には、**利用者**の希望や都合は原則として含まれない。
- 居宅サービス計画に福祉用具貸与を位置付けている場合は、**必要に応じて随時**サービス担当者会議を開催し、**サービス継続**の必要性を検証する。

13 介護予防支援 介護予防支援事業

出題実績 26 25 24 23 再
でる確率 80 %

ココがポイント
介護予防支援は、**要支援者**への介護支援サービスです。試験では、毎回 1、2 問出題され、**人員基準**や**運営基準**に関する出題が多くなっています。居宅介護支援と流れは基本的に同じですが、基準において異なる部分があるのでしっかりとおさえておきましょう。

介護予防支援事業

- 介護予防支援事業では、**要支援者**に対する**介護予防サービス計画**の作成、サービス事業者との連絡や調整などを行う。
- **居宅介護支援事業者**も、市町村からの指定を受ければ、介護予防支援事業者として業務の実施が可能である。（2024 年 4 月～）
- 地域包括支援センターは、**居宅介護支援事業者**に限り、**業務の一部を委託**できる。
- 委託にあたっては、**地域包括支援センター運営協議会**の議を経る必要がある。

（介護予防支援事業の人員基準）

担当職員	・事業所ごとに **1** 人以上配置 ・次のいずれかの要件を満たすもの ①保健師 ②介護支援専門員 ③社会福祉士 ④経験ある看護師 ⑤高齢者保健福祉に関する相談業務等に 3 年以上従事した社会福祉主事
管理者	事業所ごとに**常勤**の管理者を配置（兼務可）

⚠ 管理者は**常勤の者**であればよく、**介護支援専門員である必要はない**。また、管理者や担当職員について、誤りの肢として「主任介護支援専門員の配置が義務」との出題がされるので間違えないように。

介護予防支援におけるアセスメント

- アセスメントでは、**基本チェックリスト**や介護予防支援の４つの課題分析領域などから、総合的に情報を収集する。

アセスメントにより、本人の希望と現状の生活との差を明らかにします。

（4つの課題分析領域）

①**運動・移動**
②**家庭生活**を含む日常生活
③社会参加、対人関係・**コミュニケーション**
④**健康管理**

介護予防サービス計画作成の留意点

計画の作成者	介護予防支援事業者の**担当職員**が作成する。また、介護予防サービス計画に**医療サービス**を位置付ける場合は、**主治医等の指示**が必要である
目標指向型の計画作成	利用者の持っている生活機能を維持・改善できるよう、利用者の自立に向けた**目標指向型**の計画とする
地域支援事業との連続性及び一貫性	**地域支援事業**及び介護給付との連続性と一貫性をもった支援を行うよう配慮する
個別サービス計画作成の**指導**・報告の**聴取**	介護予防サービス事業者等に対し、個別サービス計画作成の指導をするほか、サービスの提供状況などに関する報告を少なくとも月**1**回聴取しなければならない
目標達成状況の**評価**	介護予防サービス計画に位置付けた期間の**終了時**に、計画の目標達成状況等について評価を行う

⚠ 介護予防サービス計画作成後、少なくとも**3**か月に１回は、モニタリングをしなければならない。居宅介護支援は、１か月に１回なので注意しよう。

プラス＋α アルファ

- 指定介護予防支援事業所の管理者は、**常勤**の者であることとされているが、他の職務と兼務も可能である。
- 介護予防支援でのモニタリングは、少なくとも**3**か月に１回、利用者の居宅を訪問して、利用者に面接して行わなければならない。

出題実績
26 25 24 23 再
でる確率 90 %
100 50 0

14 施設介護支援
施設サービス計画

ココがポイント

施設介護支援は、介護保険施設の**入所者**への介護支援サービスです。施設サービス計画に関する問題は、介護支援分野のほか、福祉サービスの知識等でも出題があります。

施設サービス計画の作成

- 施設介護支援も、**居宅介護支援**とほぼ同じプロセスで行う。
- 施設サービス計画は、**計画担当介護支援専門員**が作成する。

（施設サービス計画の作成）

①**アセスメント**	・計画担当介護支援専門員は、入所者・**家族**と**面接**して、入所者の解決すべき課題を把握する ・居宅サービス計画と同様、**課題分析標準項目**があり、それに基づいた**課題分析**を行う
②施設サービス計画原案の作成	**地域住民**の自発的な活動によるサービスなど、介護給付対象サービス以外のサービスも計画に位置付け、**総合的**な計画の作成に努める
③**サービス担当者会議**	計画原案を、専門的な見地から検討し、ブラッシュアップする
④計画の修正・決定	決定した原案内容について入所者・家族に説明し、**文書**で入所者の**合意**を得て、作成した計画を**入所者**に**交付**する
⑤モニタリング	計画作成後も**定期的**に、モニタリングを行う。また、モニタリングの結果についても、**定期的**に記録する

⚠ 施設サービス計画には、施設サービスに含まれる当該施設の**行事**及び**日課**等も記載する。

施設サービス計画やその他入所者に関する記録は、その完結の日から2年間保存しなければなりません。

施設サービス計画と個別援助計画

- 施設サービス計画には、総合的な援助の方針、**長期**目標、**短期**目標などを設定する。
- 個別援助計画は、**施設サービス計画**に基づいて、介護、看護、リハビリテーションなどの専門職が作成する。個別援助計画に沿ってサービスが提供される。

⚠ 施設サービス計画は、利用者ごとに**モニタリング**の期間を設定する。**居宅介護支援**の月1回のモニタリング義務と混同しないように。

介護保険施設の主な共通運営基準

身体的拘束等の禁止	・緊急やむを得ない場合を除き、身体的拘束等を行ってはならない ・やむを得ず身体的拘束等を行う場合は、その様態及び時間、その理由を記録する ・身体的拘束等の適正化を図るため、次のような措置を講じなければならない ①検討委員会を**3**か月に1回以上開催 ②従業者**研修**の定期的な実施 ③**指針**の整備
非常災害対策	非常災害に関する計画の策定、連絡体制の整備、**避難訓練**の実施などを行う
衛生管理等	・設備等の衛生管理に努める ・感染症対策委員会をおおむね**3**か月に1回以上開催しなければならない ・指針を整備し、**職員研修**を定期的に行う
協力病院等	・あらかじめ、協力病院を**定めておかなければならない**（**介護老人福祉施設**と**介護老人保健施設**） ・協力歯科医療機関を定めておくよう**努める**

⚠ 身体的拘束等を行う「緊急やむを得ない場合」とは、①**切迫性**、②**非代替性**、③**一時性**の3つの要件を**すべて満たす状態**のことをいう。いずれかではないので注意！

プラス＋α アルファ

- 施設サービス計画に関する業務は、**計画担当介護支援専門員**が担当する。**介護支援専門員**以外の者に作成させることはできない。

出題実績

26 25 24 23 再

でる確率 90 %

100 50 0

15 被保険者

被保険者資格

ココがポイント

介護保険の被保険者には、第 1 号被保険者と第 2 号被保険者の 2 種類があります。試験では、**被保険者証**の交付、**資格の取得及び喪失時期**や第 1 号被保険者・第 2 号被保険者の**資格要件**に関する出題が目立ちます。

被保険者の種類

- 第 1 号被保険者と第 2 号被保険者の要件の「**市町村の区域内に住所を有する**」とは、**住民基本台帳上**の住所を指す。
- 日本国籍をもっていても**日本に住所を有していない者**は、介護保険の被保険者にはならない。
- 第 2 号被保険者が要介護認定を受けるには、要介護（要支援）状態の原因が**特定疾病**であることが条件になる。

（被保険者の種類）

第 1 号被保険者	市町村の区域内に**住所**を有する **65** 歳以上の者
第 2 号被保険者	市町村の区域内に**住所**を有する **40** 歳以上 65 歳未満の**医療保険加入者**

日本国籍のない外国人でも、**特別永住者**や**中長期在留者**等は住民基本台帳法の適用対象となることから、介護保険の被保険者の住所要件を満たす。

資格取得の時期

年齢の到達	当該市町村の区域内に住所を有する医療保険加入者が 40 歳に達したとき（誕生日の**前**日）
住所移転	・当該市町村の区域内に住所を有するようになったとき（**当**日） ・住民である 40 歳以上 65 歳未満の医療保険加入者、65 歳以上の人が適用除外施設を退所したとき（**当**日）
被保護者から医療保険者へ	生活保護法の被保護者で当該市町村の区域内に住所を有する 40 歳以上 65 歳未満の者が医療保険加入者となったとき（**当**日）

被保護者が 65 歳に到達	当該市町村の区域内に住所を有する被保護者で医療保険に加入していない者が 65 歳に達したとき（誕生日の前日）

「○歳に達したとき」とは、法律上（年齢計算に関する法律及び民法）**誕生日の前日**である。「**誕生日の前日**」を年齢到達日と見ることは見落としがちなので注意が必要だ。

適用除外

- 次の適用除外施設に入所・入院している者は、**介護保険の被保険者とならない。**
- 介護保険の被保険者が適用除外施設に入所した場合は、**入所の翌日**に被保険者資格を**喪失**する。

（主な適用除外施設）

- **指定障害者支援施設**（障害者総合支援法）
- **医療型障害児入所施設**（児童福祉法）
- 医療型児童発達支援を行う指定医療機関（児童福祉法）
- **国立ハンセン病療養所**等（ハンセン病問題の解決の促進に関する法律）
- **救護施設**（生活保護法）

資格喪失の時期

住所移転	被保険者がその市町村の区域内に住所を有しなくなった場合	その日の翌日
	その市町村に住所を有しなくなったその日のうちに他の市町村に住所を有するに至った場合	当日
適用除外該当	被保険者が適用除外施設に入所・入院した場合	入所・入院した翌日
死亡	被保険者が死亡した場合	その日の翌日
医療保険非加入	第 2 号被保険者が医療保険加入者でなくなった場合	当日

資格喪失については、基本的に「翌日」であり、「当日」の例外として上記 2 つを覚えておこう。

出題実績
26 25 24 23 再
でる確率 80 %

16 被保険者
住所地特例

ココがポイント
介護保険では**住所地である市町村**の被保険者となるのが原則ですが、市町村間の財政上の不均衡防止を目的に、特例として**住所地特例**が適用されます。試験では、住所地特例の**対象施設**などが問われています。

住所地特例対象施設

- 住所地特例の対象施設に入所・入居する被保険者が、その施設の所在地に住所を変更した場合には、**その施設に入所・入居する前の住所地**（市町村）の被保険者となる。

（住所地特例対象施設）

①**介護保険施設**（介護老人福祉施設、介護老人保健施設、介護医療院、介護療養型医療施設）
②特定施設（介護保険法）（**有料老人ホーム**、**軽費老人ホーム**、養護老人ホーム）
③**養護老人ホーム**（老人福祉法）

住所地特例適用被保険者

- 住所地特例適用被保険者は、当該市町村で指定された**地域密着型**（介護予防）サービスと、**地域支援事業**を利用することができる。これらを**特定地域密着型サービス**、**特定地域密着型介護予防サービス**という。

（特定地域密着型サービス、特定地域密着型介護予防サービス）

- **定期巡回・随時対応型訪問介護看護**
- **夜間対応型訪問介護**
- **看護小規模多機能型居宅介護**
- **地域密着型通所介護**
- （介護予防）認知症対応型通所介護
- （介護予防）小規模多機能型居宅介護

（住所地特例の例：A町の自宅からB市の住所地特例対象施設に入所した場合）

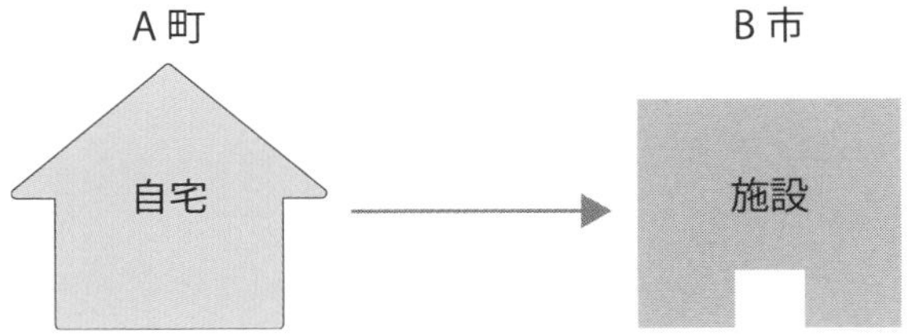

A町（保険者）	B市（住所地）
・保険給付	・行政サービス ・**特定地域密着型サービス** ・**地域支援事業**
本人	
・介護保険料	・住民税

住所地特例適用被保険者は、**入所する施設**が所在する市町村の**地域密着型サービス**が対象となる。

特定適用除外施設

- 適用除外施設のうち次の**特定適用除外施設**を退所して介護保険施設等に入所した場合は、特定適用除外施設に**入所前**の市町村を保険者とする。

（特定適用除外施設）

- 障害者総合支援法に規定する指定障害者支援施設
- 障害者支援施設
- 国立のぞみの園
- 生活保護法に規定する**救護施設**

対象施設や仕組みをきちんと理解しておきましょう。

プラス＋α アルファ

- 住所地特例は介護保険だけでなく市町村の**国民健康保険**と**後期高齢者医療**にも設けられている。病院や診療所、障害者支援施設などを対象施設として住所地特例が適用される。

出題実績
26 25 24 23 再
でる確率 90 %

17 要介護認定

要介護認定

要介護認定の概要

ココがポイント

介護給付を受けようとする被保険者は**要介護認定**を、予防給付を受けようとする被保険者は**要支援認定**を受けなければなりません。ここでは試験対策の基本として要介護認定の流れを理解します。

要介護認定の流れ

- 被保険者から申請を受けた保険者（**市町村**）が、利用者の心身の状況を調査して要介護・要支援**認定**を行う。
- 要介護認定の申請は、介護保険の**被保険者証**を添付して申請する。
- 被保険者証の交付を受けていない第２号被保険者の場合は、**医療保険被保険者証**等を提示する。

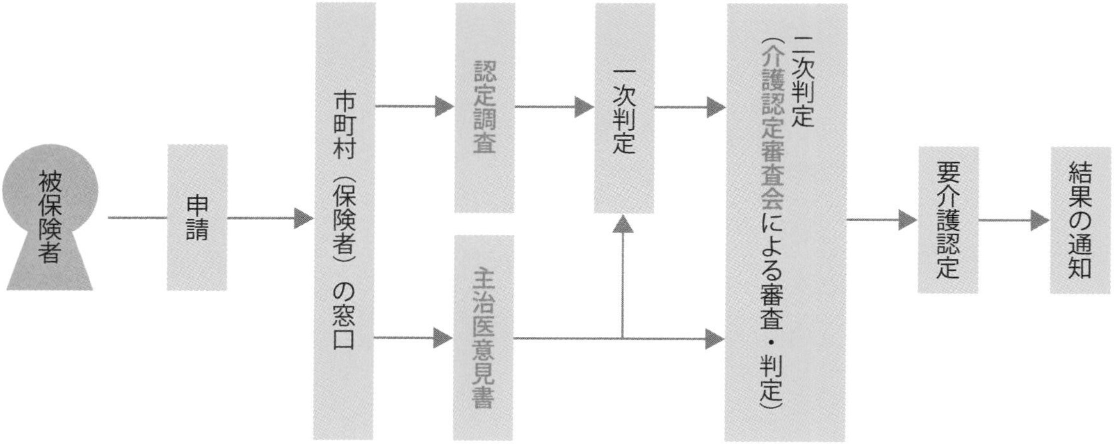

結果の通知は、申請日から 30 日以内！ 30 日以内に認定結果を通知できない場合は、延期理由と処理見込期間を記載した通知書を送付します。

特定疾病

- 第２号被保険者の場合は、**要介護状態または要支援状態となった原因が特定疾病**でなければ、認定されない。

（特定疾病）

①がん（がん**末期**）	②関節リウマチ
③**筋萎縮性側索硬化《きんいしゅくせいそくさくこうか》症**（ALS）	④後縦靱帯《こうじゅうじんたい》骨化症
⑤**骨折**を伴う骨粗鬆症	⑥進行性核上性麻痺、大脳皮質基底核変性症及び**パーキンソン病**
⑦初老期における認知症	⑧脊髄小脳変性症
⑨**脊柱管狭窄《せきちゅうかんきょうさく》症**	⑩早老症
⑪多系統萎縮症	⑫糖尿病性神経障害、糖尿病性腎症及び糖尿病性網膜症
⑬脳血管疾患	⑭**閉塞性動脈硬化症**
⑮慢性閉塞性肺疾患（COPD）	⑯両側の膝関節又は股関節に著しい変形を伴う変形性関節症

⚠ 第２号被保険者が交通事故で介護が必要となった場合は、**介護保険法**の適用はなく、**障害者総合支援法**による制度を利用する。

要介護認定の申請

- 要介護認定の**申請権**は、本人のみにあるが、申請は下記の者による**代理・代行が可能**である。

（被保険者の申請を代理・代行できる者）

申請代理	被保険者の家族や親族
申請代行	・**地域包括支援センター** ・**地域密着型介護老人福祉施設**※ ・**介護保険施設**※ ・成年後見人 ・民生委員 ・**居宅介護支援事業者**※ ・社会保険労務士 ・介護相談員

※指定基準の認定申請に係る援助義務違反がないものに限る。

18 要介護認定
認定調査と主治医意見書

出題実績
26 25 24 23 再
連続出題中
でる確率 99 %

ココがポイント
被保険者から申請を受けた市町村は、認定調査を行うとともに、主治医に**主治医意見書の記載**を求めます。試験では**認定調査の委託先**や、**基本調査項目・主治医意見書の項目**が問われます。特に主治医意見書については毎年のように頻出されています。

認定調査

- 申請を受けた**市町村**は、認定調査票をもとに認定調査を行う。
- **新規**要介護認定については、原則として**市町村職員**が行うことになっているが、例外的に都道府県の指定を受けた**市町村事務受託法人**に委託することが可能である。
- 更新認定の調査は、市町村職員のほか、**地域包括支援センター**などに委託することができる。

（市町村による認定調査の委託可能先）

新規	・市町村事務受託法人
更新	・市町村事務受託法人 ・**地域包括支援センター** ・**指定居宅介護支援事業者** ・**介護保険施設** ・地域密着型介護老人福祉施設 ・**介護支援専門員**

新規認定の委託先は市町村事務受託法人のみです。

認定調査票

- 認定調査票は**全国一律**である。
- 具体的な調査項目や様式については、**厚生労働省の告示**によって定められる。
- **概況調査**、**基本調査**、**特記事項**に分かれている。
- 概況調査では、対象者の**現在受けているサービス**の状況や**環境**等を聴き取る。
- 基本調査は、7つの基本調査項目と**74**の個別調査項目で構成されている。
- 特記事項は、対象者の状況を正確に把握するために、基本調査項目の各項目ごとに、より**具体的**な内容を記入する。

（認定調査票の基本調査項目）

基本調査項目	主な個別調査項目
身体機能・起居動作	麻痺等の有無、**歩行**、洗身、視力、聴力
生活機能	移動、嚥下、食事摂取、排尿、排便、**口腔清潔**、整髪、上衣の着脱、ズボン等の着脱、**外出頻度**
認知機能	意思の伝達、**短期**記憶、徘徊、今の季節を理解する
精神・行動障害	作話をする、感情が不安定になる、昼夜逆転、大声を出す
社会生活への適応	薬の服薬、日常の意思決定、集団への不適応、**買い物**
特別な医療	過去 14 日間に受けた特別な医療、疼痛の看護
日常生活自立度	認知症高齢者の日常生活自立度

主治医意見書

- 主治医から、被保険者の身体上・精神上の障害の原因である疾病・負傷の状態等について、**医学的な意見**を求める。
- **被保険者に主治医がいない場合**には、**市町村**の指定する医師、またはその**市町村**の職員である医師の**診断を受けさせなければならない**。

（主治医意見書の項目）

基本情報	申請者氏名等、医師・医療機関名等、最終診療日、意見書作成回数、他診療の有無など
傷病に関する意見	診断名、症状としての安定性、治療内容など
特別な医療	過去 14 日間以内に受けた医療
心身の状態に関する意見	日常生活の自立度、認知症の中核症状、BPSD、身体の状態など
生活機能とサービスに関する意見	移動、栄養・食生活、現在あるかまたは今後発生の可能性の高い状態とその対処方針、サービス利用による生活機能の維持・改善の見通し、医学的管理（訪問診療、訪問薬剤管理指導、訪問栄養食事指導、訪問歯科診療、訪問歯科衛生指導など）の必要性、サービス提供時における医学的観点からの留意事項（血圧、摂食、嚥下など）、感染症の有無など

⚠ 主治医意見書の項目を問われる出題も多いが、「**医学的な意見**を求めるものであること」を頭に入れておけば解ける問題が多い。

出題実績
26 25 24 23 再
連続出題中
でる確率 99 %

19 要介護認定 審査・判定

ココがポイント

審査・判定は、一次判定と二次判定の２段階で行われます。一次判定はコンピュータにより行われ、二次判定は**介護認定審査会**により実施されます。試験では、**要介護認定等基準時間**や**介護認定審査会**に関する出題が目立ちます。

一次判定

- 一次判定では、認定調査票の**基本調査**のデータから、コンピュータにより要介護認定等基準時間を算出する。
- 要介護認定等基準時間とは、基本調査項目（下記）それぞれの行為に要する**１日当たりの介護に要する時間を推計**するものである。
- 特別な医療が提供されている場合については、ケア時間に医療関連行為等の項目ごとに、規定された**時間**が**加算**され、要介護認定等基準時間が算出される。

（要介護認定等基準時間にかかる基本調査項目）

①直接生活介助	入浴、排泄、食事等の**介護**
②間接生活介助	洗濯、掃除等の**家事援助**等
③認知症の行動・心理症状関連行為	**徘徊に対する探索**、不潔な行為に対する後始末等
④機能訓練関連行為	歩行訓練、日常生活訓練等の**機能訓練**
⑤医療関連行為・特別な医療	**輸液の管理**、**褥瘡の処置**等の補助等

これらの基本調査項目と１分間タイムスタディ・データを組み合わせた樹形モデルを用いて要介護認定等基準時間が算定されます。

要介護認定等基準時間は、**厚生労働大臣**の定める方法により推計され、**全国一律**である。基本調査項目のうち、特に「**医療関連行為・特別な医療**」は頻出なので必ず覚えよう。

二次判定

- 二次判定は、**介護認定審査会**により行われ、必要に応じて、被保険者の家族や主治医の意見を聞くことができる。
- 資料をもとに**全国一律**の基準に従って、審査・判定が行われる。
- 審査・判定の結果は、**市町村**に対して通知する。

（二次判定の資料）

①一次判定結果	②認定調査票の**特記事項**	③主治医意見書

- **介護認定審査会**は、必要があると認めた場合、市町村に対し下記のような項目について、**附帯意見**を述べることができる。

①要介護状態の軽減または悪化の防止のために必要な**療養**に関する事項 ②サービスの適切かつ有効な利用等に関し被保険者が**留意**すべき事項 ③**認定有効期間**の短縮や延長

- ①の意見が述べられている場合は、**市町村**はその意見に基づき、**サービスの種類を指定**することができます。

介護認定審査会の構成

- 介護認定審査会は、**市町村**の附属機関として設置されている。

委員	・**市町村長**が任命する保健・医療・福祉の学識経験者 ・**2** 年（市町村の条例により「2 年を超え 3 年以下の期間」とすることも可能。再任も可能） ※審査・判定の**公平性**を確保するため、原則として保険者である**市町村**の職員は委員になることはできない。また、委員には職業上知り得た秘密についての**守秘義務**が課せられている
合議体	・**5** 人を標準として、市町村条例により定められる ・各合議体に長を 1 人置く
議決	審議開催には委員の過半数の出席が必要。出席委員の**過半数**によって議決できる

プラス + α アルファ

- 要介護認定・要支援認定は、介護認定審査会の**共同設置**や事務の**委託**により、広域的に実施することができる。
- 広域的実施の目的として、「**介護認定審査会委員**の確保」「近隣市町村での**公平**な判定」「認定事務の**効率化**」がある。

20

要介護認定

認定と有効期間

出題実績

26 25 24 23 再

連続出題中

でる確率 99 %

100 50 0

ココがポイント

市町村は要介護認定または要支援認定を行い、結果を被保険者に通知します。試験では**結果の通知方法**や**区分変更申請の有効期間**などが問われています。

認定の効力

- **市町村**は、要介護（要支援）認定の結果を**被保険者に通知**する。

（認定結果の通知）

要介護・要支援に該当する場合	被保険者証に、該当する要介護（要支援）状態区分と介護認定審査会の意見が付されている場合にはその意見を記載し**返還**する
不認定の場合	不認定となったことを、その**理由**をつけて被保険者に通知し、被保険者証を**返還**する

- 要介護等の認定は、**保険給付**を受ける権利が発生するという効力がある。
- 新規認定の効力は、**申請日に遡って**生じる（**認定の遡及効《そきゅうこう》**）。それまでは償還払いで介護サービスを利用する。

（要介護認定の効力）

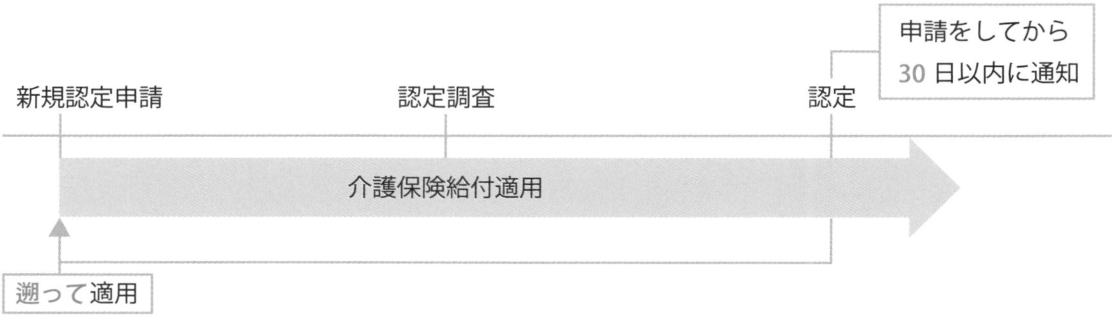

認定申請前に受けたサービスであっても、**緊急やむを得ない理由であり、市町村が認めた場合**に保険給付の対象となりうる仕組みを**特例サービス費**という。**償還払い**で受けられる。

認定の有効期間

申請区分	原則	設定可能範囲
新規認定	6 か月	3 か月〜 12 か月
区分変更認定		
更新認定	12 か月	3 か月〜 48 か月

⚠ 新規認定と区分変更認定は、原則と設定可能範囲は**同じ**。更新認定における設定可能範囲の上限は 36 か月ではなく **48** か月なので、注意する。

更新認定と変更認定

- 更新は認定の有効期間満了日の **60** 日前から申請が可能である。
- 更新認定の効力は、更新前の認定の有効期間満了日の**翌日**から発生する。
- 区分変更の申請には、被保険者の変更申請と市町村の**職権**による区分変更申請がある。

（区分変更の申請）

被保険者	被保険者は、認定有効期間中に要介護状態区分等に変化があった場合に、市町村に対し、要介護状態区分等の変更の認定申請を行うことができる
市町村の**職権**	市町村は、被保険者が現在の要介護度よりも**軽度**であると認められる場合、職権によって要介護状態区分の変更認定を行うことができる

+《プラス》α《アルファ》

- 住所を移転した場合、その市町村に転入後 **14** 日以内に認定の申請を行うことで、移転先の市町村での**審査**や**判定**は不要となる。
- 住所を移転した場合、新しい市町村での認定有効期間は、**新規**認定となるので原則 **6** か月である。
- 市町村は、正当な理由なく被保険者が**認定調査**に応じない場合、医師への**診断命令**に従わない場合、要介護者・要支援者に**該当**しなくなったと認められる場合には、有効期間満了前でも認定を取り消すことができる。

出題実績
26 25 24 23 再
でる確率 80 %
100 50 0

21

介護保険の運営

国・地方公共団体の事務

ココがポイント

保険者・国・都道府県は、介護保険制度を運営・維持するにあたってそれぞれの役割を分担しています。試験では、**それぞれの担当責務等を区別して理解できているか**が問われています。**保険者の役割**を中心に、表に整理して理解しておきましょう。

保険者の事務・責務

- 介護保険の保険者は、**市町村**と**特別区**（以下、市町村）である。

（保険者の事務・責務）

- 被保険者の**資格管理**・台帳作成
- **要介護認定・要支援認定**の実施
- 保険給付の審査・支払
- 市町村介護保険事業計画の策定
- 保険料の普通徴収
- **保険料滞納被保険者**に対する措置
- **被保険者証**の交付・更新
- **居宅介護支援事業所**の指定
- **介護認定審査会**の設置
- **地域支援事業**の実施
- 第１号被保険者の保険料率の設定
- 保険料の特別徴収のための確認・通知等
- **特別会計**の設置・管理　　　　など

⚠ 保険者は、介護保険に関する収入と支出について、**特別会計を設けなければならない**。主な歳入は介護保険料、国庫支出金、市町村の一般会計繰入金などである。

国の事務・責務

- 国は、介護保険事業の運営が**健全**かつ**円滑**に行われるように、保健医療サービス及び福祉サービスを提供する**体制の確保**に関する施策その他の必要な措置を**講じなければならない**。

（国の事務・責務）

- **要介護・要支援認定**基準の設定
- **介護報酬の算定**基準の設定
- 区分支給限度基準額
- 第 **2** 号被保険者負担率の設定
- 市町村や都道府県への援助
- 保険給付に対する定率の国庫負担
- 調整交付金の交付
- 財政安定化基金への拠出　　　　など

介護保険における国の事務は、制度面の整備や財政負担などが中心となっています。

都道府県の事務・責務

- 都道府県は、介護保険事業の運営が**健全**かつ**円滑**に行われるように、必要な助言及び適切な援助を行う。

（都道府県の事務・責務）

- **介護保険審査会**の設置・運営
- **介護サービス情報**の公表
- **介護支援専門員**の登録・更新、介護支援専門員証の交付、試験・研修の実施
- **財政安定化基金**の設置など財政支援　　　　など

基準の条例委任

- 介護保険法で定めるサービスや施設の人員・設備・運営に関する基準について、**都道府県**または**市町村**が制定する**条例**に委任されている。

（条例の委任）

都道府県の条例	**市町村**の条例
・基準該当居宅サービス ・基準該当介護予防サービス ・居宅サービス ・介護予防サービス ・**介護老人福祉施設** ・**介護老人保健施設**　・**介護医療院**	・地域密着型サービス ・地域密着型介護予防サービス ・基準該当介護予防支援 ・介護予防支援 ・居宅介護支援 ・基準該当居宅介護支援

22

介護保険の運営

情報公表制度

出題実績
26 25 24 23 再
連続出題中
でる確率 99 %
100 50 0

ココがポイント
利用者自らサービスを選択する介護保険制度において、利用者に情報を提供する情報公表制度は重要です。試験では、介護サービス事業者や施設が**都道府県知事に報告すべき内容**について問われています。

報告する介護サービス情報

- 介護サービス事業者や施設は、下記の時期に介護サービス情報を**都道府県知事**に報告しなければならない。

（介護サービス情報の報告時期と内容）

報告時期	介護サービス情報の内容
①介護サービスの提供開始時	・法人等の名称、所在地、連絡先等 ・事業所・施設の名称、所在地、連絡先等 ・**サービス従事者**に関する情報 ・事業所の**運営方針**、介護サービスの内容、**苦情対応窓口**の状況、サービス内容の特色等 ・利用料 ・その他都道府県知事が必要と認める事項
②都道府県の報告計画策定時（毎年）	上記に加えて下記の事項 ・利用者等の権利擁護等のために講じている措置 ・介護サービスの質の確保のために講じている措置 ・**相談・苦情**等の対応のために講じている措置 ・介護サービスの内容の評価・改善等のために講じている措置 ・適切な事業運営確保のために講じている措置 ・安全管理及び**衛生管理**のために講じている措置 ・情報管理・**個人情報保護等**のために講じている措置 ・その他都道府県知事が必要と認める事項

介護サービス事業者は、**都道府県知事**に事業所の情報を報告する**義務**がある。事業所の情報は**都道府県知事が公表**する。

①と②の介護サービス情報の内容を入れ替えて出題されたこともあります。報告時期と内容をセットで覚えましょう。

介護サービス情報の公表制度の仕組み

- **都道府県知事**は、介護サービス事業者や施設から得た情報を、利用者に対して**公表**しなければならない。

事業所・施設

基本情報

基本的な事実情報であり、公表するだけで足りるもの
・事業所の**職員の体制**
・**利用料金**
・**サービス提供時間**　など

運営情報

事実かどうかを客観的に調査することが必要な情報
・介護サービスに関するマニュアルの有無
・サービスの提供内容の記録管理の有無
・**身体拘束を廃止する**取り組みの有無
など

報告↓　↑調査（必要な場合）

都道府県知事または指定調査機関

介護サービス情報を公表

↑

利用者

⚠ 報告をしなかった場合や虚偽の報告をした場合は、都道府県知事は**是正命令**を行い、さらに命令に従わない場合には、**指定取消**等の処分をすることができる。

プラス＋α アルファ

- 都道府県知事は、介護サービス情報についての調査事務を都道府県ごとに指定する**指定調査機関**に行わせることができる。
- 介護サービス情報以外の介護サービスの質及び介護サービスに従事する従業者に関する情報の報告は**任意**である（**任意報告**情報）。

出題実績
26 25 24 23 再
でる確率 70 %

23 介護保険の運営 国民健康保険団体連合会

ココがポイント
国民健康保険団体連合会（国保連）は､介護保険事業関係業務として**保険給付に係る審査・支払**や、**苦情処理**等の業務を行っています。試験では、これらの業務の内容が問われました。

国民健康保険団体連合会の介護保険関係業務

- 国民健康保険団体連合会は、**都道府県**単位で設立される。
- **市町村**から委託を受けて介護報酬の審査・支払を行う機関である。

（国民健康保険団体連合会の業務）

業務		内容
必須事業	介護報酬の審査・支払	介護給付費の審査・支払業務を行う
	介護予防・日常生活支援総合事業に要する費用の審査・支払	介護予防･日常生活支援総合事業の支給費の請求に関する審査･支払業務を行う
	介護給付費等審査委員会の設置	介護給付費請求書及び介護予防・日常生活支援総合事業費請求書の審査を行う
	苦情処理等の業務	介護サービス事業者や施設が提供するサービスに関する利用者等からの苦情を受けて、調査を行い、指導・助言を行う
任意事業	**第三者行為求償**事務	市町村が第三者に対して取得する損害賠償請求権にかかる損害賠償金の徴収・収納の事務を行う
	その他の業務	・介護サービスの提供事業や**介護保険施設**の運営 ・その他介護保険事業の円滑な運営に資する事業（市町村事務の共同電算処理など）

⚠ 国保連が介護サービスの提供事業や**介護保険施設の運営**ができることは、見落とされがち。

（介護保険給付費の流れ）

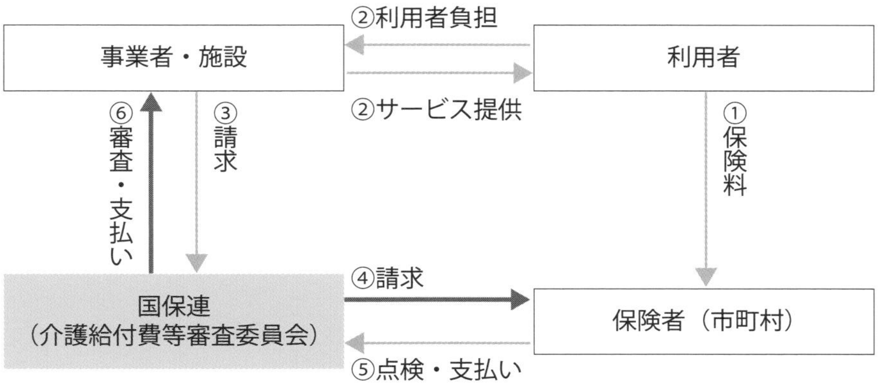

介護給付費等審査委員会

- 介護給付費等の**請求**の審査を行うために国保連に設置される委員会である。
- 市町村から委託を受けて審査を行う。
- 委員は**国保連**が委嘱《いしょく》し、任期は **2** 年である。

委員の構成	①介護給付費等対象サービス担当者 または 介護予防・日常生活支援総合事業担当者代表委員 ②**市町村**代表委員 ③**公益**代表委員
	①〜③は同数

苦情処理等の業務

- 国保連の重要な業務に苦情処理業務があり、事実関係の**調査**や、**指導・助言**を行う。
- 苦情処理は、中立性の観点から保険者である**市町村**からの委託ではなく、**国保連独自の業務**として行う。
- 苦情は国保連以外にも、**居宅介護支援事業者**や**市町村の窓口**等でも受け付けている。

苦情の受付方法	（原則）**書面**　（必要に応じて）**口頭**

⚠ 指定基準違反等における**立ち入り検査や指定の取消し**等は、国保連ではなく、**都道府県知事**や**市町村長**が行う。

出題実績

26 25 24 23 再

でる確率 90 %

100 50 0

24 介護保険の財政
介護保険財政

ココがポイント

介護保険の財源は、半分を**保険料収入**から、残り半分を**公費**から得ています。試験では、財源の詳細な**負担割合**や、**公的負担の内容**などが問われており、それぞれを正しく覚えておくことが求められています。

介護給付費の財源構造

- 介護給付費は、公費と保険料がそれぞれ**50**%を財源として負担されている。

（介護給付費の財政構造（2024～2026年度））

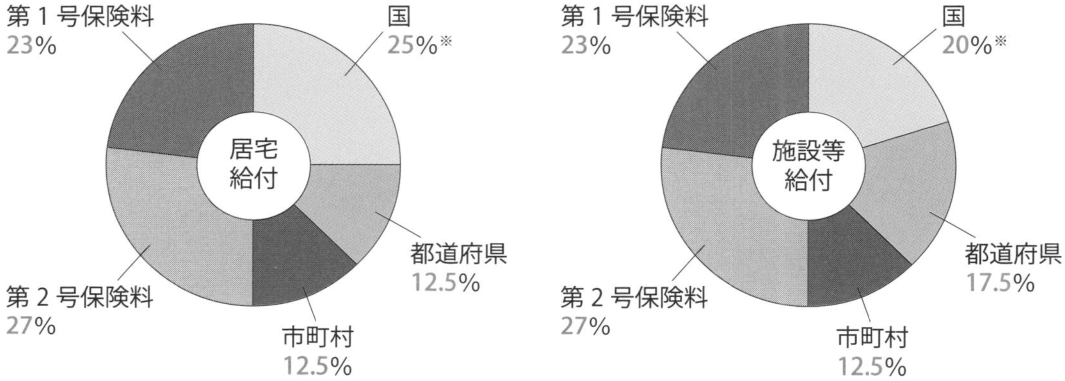

※調整交付金を含む

ゴロ合わせ 居宅給付費の負担割合（国・都道府県・市町村）

にゃ～ご（25%）！

い～にゃ～ご（12.5%）、い～にゃ～ご（12.5%）！

ゴロ合わせ 施設等給付費の負担割合（国・都道府県・市町村）

におう（20%）、イナゴ（17.5%）の稲ご飯（12.5%）

調整交付金

- 国庫負担は、**すべての市町村に一律**に交付される**20％**（施設等給付費の場合は15％）と、**市町村の財政力の格差を調整**するために支給される**調整交付金**（総給付費の**5％**）で構成されている。

（調整交付金の算定）

普通調整交付金	・75歳以上の**後期高齢者**の加入割合 ・**第1号被保険者**の所得の分布状況
特別調整交付金	**災害**時における保険料減免等、保険者の責によらない事由

地域支援事業の財源

- 地域支援事業の財源構成は、**介護予防・日常生活支援総合事業**とそれ以外の地域支援事業で異なる。

（地域支援事業の財政構造（2024～2026年度））

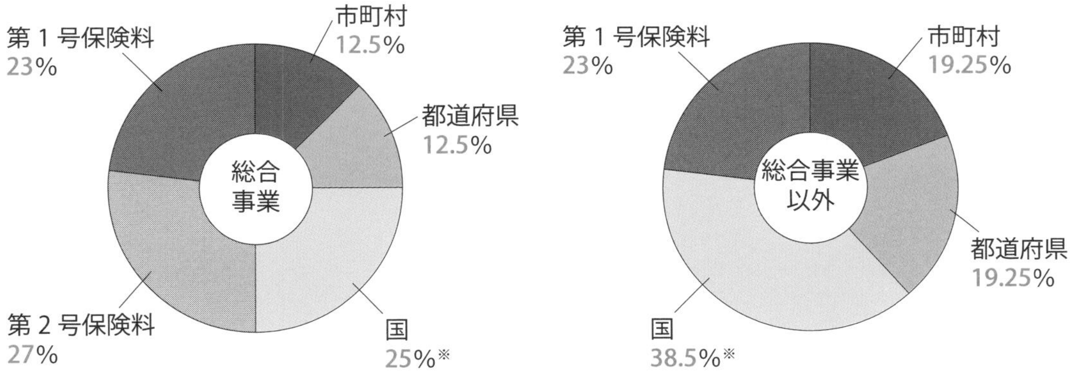

※調整交付金を含む

プラスα アルファ

- 介護保険事業の事務費は、各市町村の**一般財源**によって賄われる。
- 第1号被保険者と第2号被保険者の保険負担の割合は、それぞれ1人当たりの平均的な保険料が**同じ水準**となるよう、**3**年ごとに見直される。
- 介護給付費の国の負担は、定率の負担金と**調整交付金**からなる。

25 介護保険の財政 財政安定化基金

出題実績 26 25 24 23 再
でる確率 70 %

ココがポイント

財政安定化基金は、市町村の**介護保険財政の安定化**を目的として**都道府県**に設置されます。試験では、財源の**負担割合**や**交付金と貸与金の割合**などが問われています。

財政安定化基金の事業

- 財政安定化基金は、**市町村の介護保険財政の安定化**を図るために、**都道府県**に設置されている。

（財政安定化基金の内容と条件）

条件	事業内容
①保険料未納により、通常の努力を行ってもなお保険料収入に不足が生じた場合	不足額の**2**分の1を基準に、市町村に交付金が**交付**される（残りは**貸付**）
②見込以上に給付費が増大したために介護保険財政に不足が生じた場合	必要な資金を市町村に**貸付**する

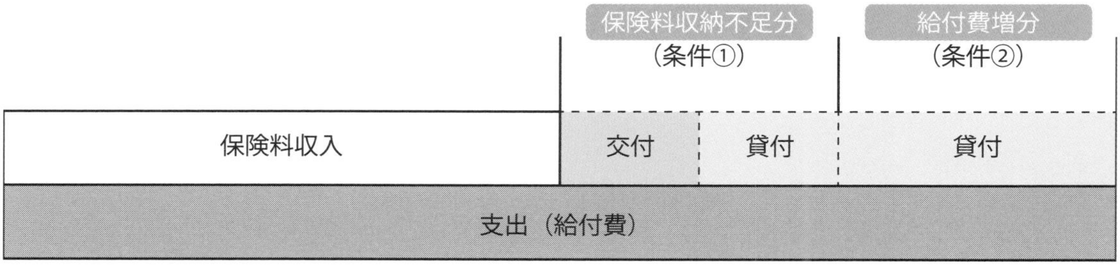

基金事業交付金の交付は、**介護保険事業計画期間**の**最終年度**（3年ごと）に、不足額のうち、原則として保険料収納不足額の**2分の1**を交付する。

財政安定化基金の財源

- 財政安定化基金の財源は、国、都道府県、市町村がそれぞれ **3** 分の 1 ずつ負担する。
- 市町村の負担分は**第 1 号保険料**で賄わなければならない。

（財政安定化基金の財源）

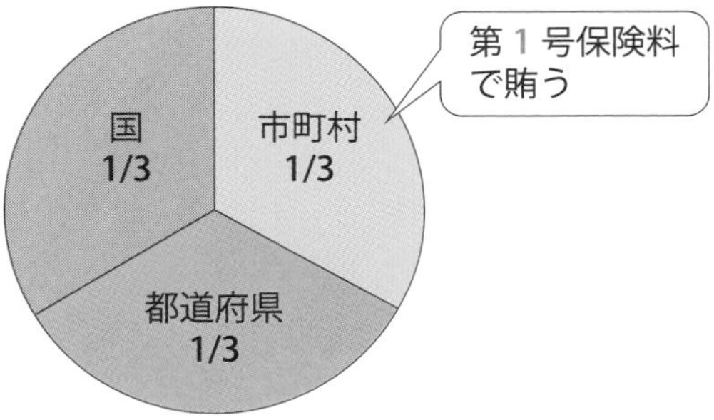

市町村が拠出する財政安定化基金への財源として、第 2 号保険料は使われません。

（財政安定化基金の財源の流れ）

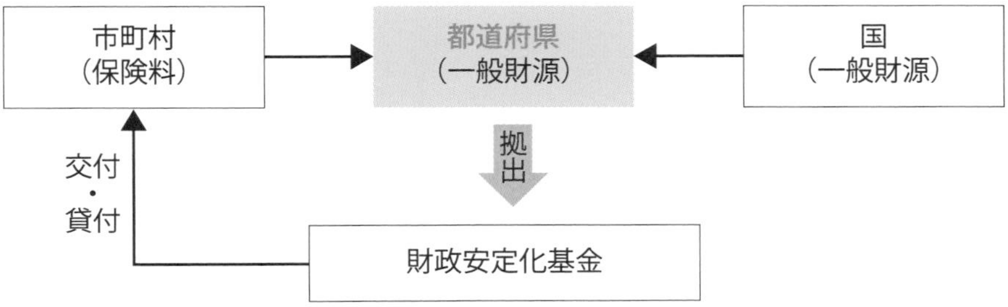

⚠ 貸付額の償還は、**借り入れをした期の次の期の市町村介護保険事業計画**の計画期間に、**第 1 号被保険者の保険料**を財源として、**3** 年間で分割返済する。財政安定化基金の貸付金は、償還期限までの間は**無利子**である。

プラス + α アルファ

- 市町村相互財政安定化事業は、**財政単位**を広域化して、財政運営を安定化させ、また、複数市町村間の保険料水準の均衡を保つために行われる事業である。
- 市町村相互財政安定化事業では、複数市町村間において介護給付費等の総額と収入の総額が均衡するように**調整保険料率**を設定し、保険財政の調整を行う。

26 保険料・利用料
保険給付の種類

出題実績
26 25 24 23 再
でる確率 90 %
100 50 0

ココがポイント

介護保険法における保険給付には、大きく分けて**介護給付**と**予防給付**、**市町村特別給付**の3つの種類があります。試験では、**介護給付の種類**などが出題されています。

3つの保険給付

- 介護保険の保険給付には、**法律**によって決められている**介護給付**と**予防給付**、**条例**で決められている**市町村特別給付**がある。

（保険給付）

介護給付	**要介護者**への法定給付
予防給付	**要支援者**への法定給付
市町村特別給付	要介護者・要支援者への**条例**による給付

⚠ 市町村特別給付は、要介護者・要支援者に対する**市町村独自**のサービスについての給付である。その市町村の**第1号被保険者**の保険料を**財源**とする。

給付方式

- 市町村は、要介護認定を受けた被保険者が、介護給付を行うサービスを利用した場合は、その要介護被保険者に対し介護給付として、下記の介護サービス費等を支給する。

（介護給付）

現物給付方式	償還払い方式
・居宅介護サービス費 ・地域密着型介護サービス費 ・**居宅介護サービス計画費** ・施設介護サービス費	・特例居宅介護サービス費 ・特例地域密着型介護サービス費 ・居宅介護福祉用具購入費 ・居宅介護住宅改修費

・特定入所者介護サービス費	・特例居宅介護サービス計画費 ・特例施設介護サービス費 ・高額介護サービス費 ・高額医療合算介護サービス費 ・特例特定入所者介護サービス費

（予防給付）

現物給付方式	償還払い方式
・介護予防サービス費 ・地域密着型介護予防サービス費 ・介護予防サービス計画費 ・特定入所者介護予防サービス費	・特例介護予防サービス費 ・特例地域密着型介護予防サービス費 ・介護予防福祉用具購入費 ・介護予防住宅改修費 ・特例介護予防サービス計画費 ・高額介護予防サービス費 ・高額医療合算介護予防サービス費 ・特例特定入所者介護予防サービス費

⚠ 介護給付費の請求権は、2 年である。**保険給付を受ける権利**は 2 年を経過したときに時効により消滅する。

予防給付には、施設サービスと一部の地域密着型サービスに対する給付がありません。

プラスα アルファ

- 介護給付には、大別すると、都道府県知事が事業者の指定・監督を行う居宅サービスと施設サービス、市町村長が指定・監督を行う地域密着型サービスと居宅介護支援がある。
- 予防給付には、大別すると、都道府県知事が事業者の指定・監督を行う介護予防サービス、市町村長が指定・監督を行う地域密着型介護予防サービスと介護予防支援がある。

出題実績 26 25 24 23 再

でる確率 70 %

27 保険料・利用料
利用者負担

ココがポイント
原則 1 割だった利用者負担は、法改正を重ね、所得に応じて 2 割負担もしくは 3 割負担となっています。利用者負担を軽減するための給付は、必ずおさえておきたい項目です。高額介護サービス費の支給対象は頻出です。理解しておきましょう。

利用者負担

- 保険給付の対象となる介護サービスを利用した利用者負担は、原則 1 割で残りの 9 割が保険給付される。
- 一定以上の所得のある第 1 号被保険者の場合は、利用者負担は 2 割もしくは 3 割で、残りの 8 割もしくは 7 割が保険給付となる。

⚠ 食費や居住費（滞在費）、日常生活費などは給付対象とならず、**全額が利用者負担**となる。
おむつ代は、施設サービスや短期入所系サービス以外では、**全額が利用者負担**となる。

現物給付と償還払い

- 保険給付は、介護保険法上では償還払いとなっている。
- 利用者の負担や利便性などを考慮して、一定の要件を満たす場合に限り、事業者・施設に対し代わりに支払う法定代理受領方式を行う（給付を現物化）。

現物給付	利用者の利便のために、介護サービスそのものを保険給付し、利用者は自己負担分だけの支払で済むようにすること
償還払い	サービスに係る費用全額をいったん利用者が支払い、領収証等を提出して保険給付分を償還する方式

⚠ 償還払い方式による介護給付費の請求権は、2 年を経過すると**消滅時効**にかかる。

高額介護サービス費

- 高額介護（予防）サービス費は、1か月に支払った利用者負担の**世帯合算額**が**所得**区分ごとに設定された上限額を超えた場合にその超えた部分について支払われる。

（高額介護（予防）サービス費の支給対象）

対象	対象外
・**居宅サービス費** ・**地域密着型サービス費** ・**施設サービス費**	・**福祉用具購入費** ・**住宅改修費** ・居住費（滞在費）及び食費、日常生活費等の保険給付対象外のサービス

（高額介護（予防）サービス費の段階区分）

利用者負担段階区分	上限額
課税所得690万円以上	140,100円（世帯）
課税所得380万円以上690万円未満	93,000円（世帯）
課税所得380万円未満	44,400円（世帯）
市町村民税非課税世帯	24,600円（世帯）
前年の合計所得金額と公的年金収入額の合計が年間80万円以下	15,000円（個人）
生活保護受給者	15,000円（個人）

負担上限額は所得によって異なります。また、世帯とは、住民基本台帳上の世帯員で、介護サービスを利用した人全員の負担合計額を指します。

介護サービスの利用にかかる費用が対象のため、**施設サービス**の**食費**や**居住費**は高額介護サービス費の対象にならない。

高額医療合算介護（予防）サービス費

- 高額医療合算介護（予防）サービス費は、1年間（毎年8月〜翌年7月）の**介護保険の利用者負担分**と**医療保険の患者負担**の合計額が一定額を超えた場合に、**世帯**単位で超えた額を各保険の保険者が支給する。
- 費用は、医療保険と介護保険の双方で、自己負担額の比率に応じて**按分**して負担し合う。

（高額介護合算療養費制度の流れ）

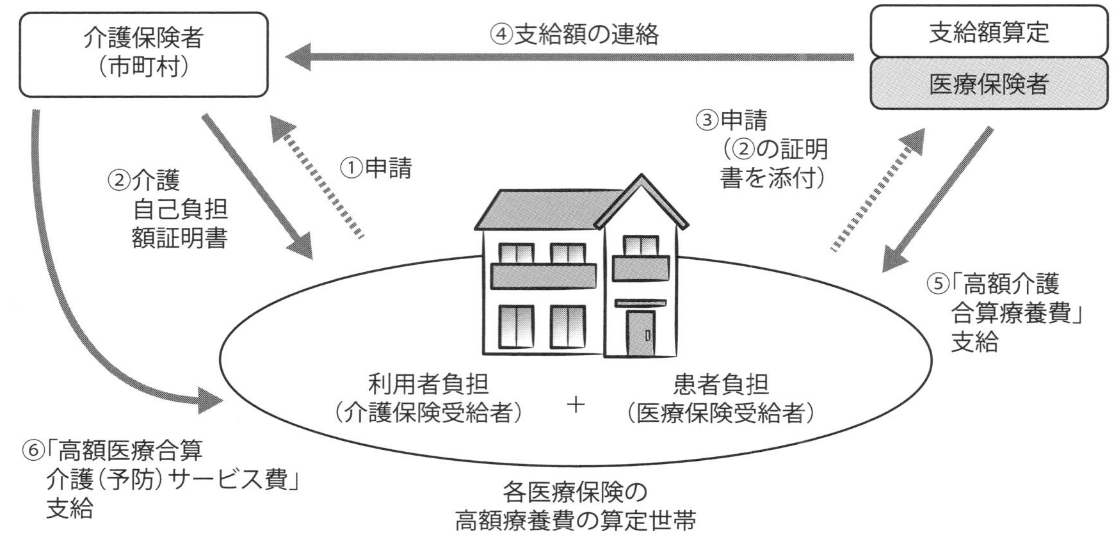

自己負担の上限額は、所得区分ごとに設定されています。低所得者だけでなく、すべての要介護者（要支援者）を対象にしています。

プラス ＋α アルファ

- 高額介護サービス費は、生活保護の被保護者も**対象**である。
- 高額介護（予防）サービス費と高額医療合算介護（予防）サービス費は両方とも、**償還払い**である。
- 高額介護（予防）サービス費や高額医療合算介護（予防）サービス費は、**世帯**単位で算定する。

出題実績 26 25 24 23 再
連続出題中 でる確率 99 %

28 保険料・利用料
保険料の徴収・滞納

ココがポイント

第 1 号被保険者と第 2 号被保険者では、保険料の徴収方法や滞納への措置方法が異なります。また、第 1 号被保険者の保険料の徴収方法である**普通徴収**と**特別徴収**の区別や、**保険料滞納者に対する措置方法**の内容などが問われています。

保険料の算定方法

- 第 1 号被保険者の保険料は、**政令**で定める基準に従い、**各市町村**が**条例**で定める保険料率に基づいて算定される。
- 第 2 号被保険者の保険料は、**医療保険者**ごとに異なる算定方法で設定される。

（保険料の算定方法）

第 1 号被保険者の保険料	・政令で定める基準に従い、各**市町村**が**条例**で定める保険料率に基づいて算定される ・保険料率は、各**市町村**が介護給付等対象サービスの見込量等を踏まえて **3** 年に 1 度設定する ・負担能力（**9** 段階の所得段階別定額保険料）に応じて設定される
第 2 号被保険者の保険料	・算定方法は医療保険者ごとに異なる ・健康保険では**事業主負担**がある

⚠ 第 2 号被保険者について、健康保険の被保険者に係る介護保険料には**事業主負担**（被保険者と折半）がある。

保険料の徴収

- 第 1 号被保険者の保険料の徴収方法は、**普通徴収**と**特別徴収**がある。
- 第 1 号被保険者の保険料の普通徴収において、被保険者の**世帯主**と**配偶者**は、被保険者と連帯して納付する義務を負う。
- 第 2 号被保険者の保険料は、各医療保険者が、**医療保険料**に上乗せして徴収する。
- 第 2 号被保険者の保険料については、徴収した保険料を一括したものが社会保険診療報酬支払基金に支払われ、そこで**介護給付費・地域支援事業支援納付金**としてプールされ、保険者（市町村）に**介護給付費交付金**及び地域支援事業支援交付金として交付される。

（第 1 号保険料の徴収方法）

普通徴収 （年金の受給額が年 **18** 万円未満の場合）	被保険者が市町村から送付された**納入通知書**で個別に納める
特別徴収 （年金の受給額が年 **18** 万円以上の場合）	年金保険者が年金から**天引き**して市町村に納める

（第 2 号被保険者の保険料の流れ）

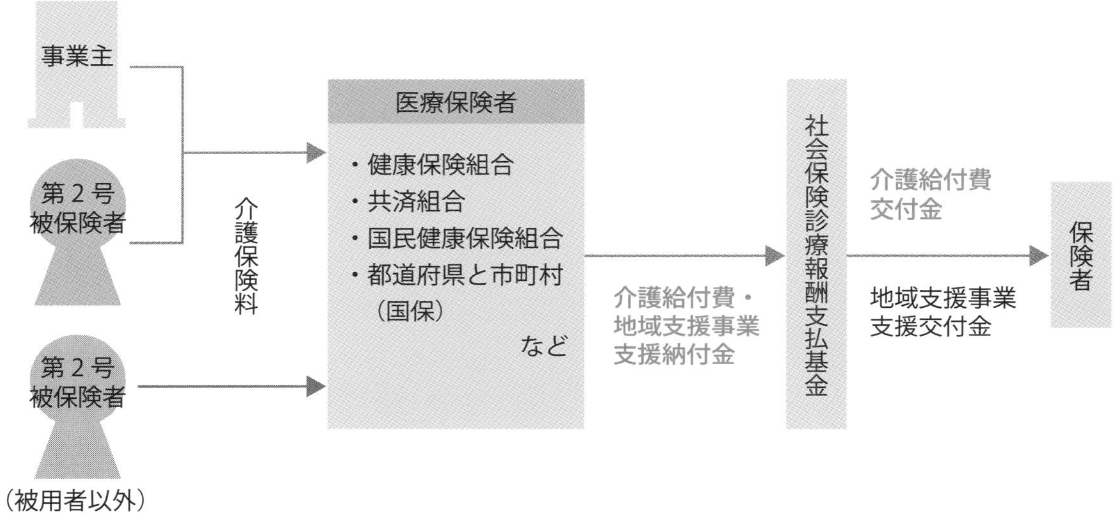

保険料の納期は、市町村の条例で制定します。

社会保険診療報酬支払基金

（社会保険診療報酬支払基金の介護保険関係業務）

① 医療保険者からの**介護給付費・地域支援事業支援納付金**の徴収
② 保険者（市町村）に対する**介護給付費交付金**の交付
③ 保険者（市町村）に対する**地域支援事業支援交付金**の交付
④ ①～③に附帯する業務

保険料の滞納措置

- 第 1 号被保険者で介護保険料を滞納している要介護者等へは、次のような段階的な措置をとることができる。

滞納期間 1 年以上

保険給付の現物給付から**償還払い化**

↓

滞納期間 1 年 6 か月以上

保険給付の**一時差止め**

↓

滞納期間 2 年以上

自己負担割合の**引き上げ**

災害等の特別な理由がある者については、市町村は条例により、保険料の減免等の措置をとることができます。

プラス ＋α アルファ

- 第 1 号被保険者の保険料の賦課期日（保険料の算定基準日）は、年度初日の**4月1日**となる。
- 年金の徴収は、**老齢・退職**年金、**遺族**年金、**障害**年金の受給額が 18 万円以上の特別徴収が原則である。
- 普通徴収では、市町村と委託契約を結んだコンビニエンスストアで支払うことが**できる**。

出題実績

26 25 24 23 再

でる確率 70 %

100 50 0

29

保険料・利用料

低所得者対策

ココがポイント

高額介護サービス費等がすべての要介護者等を対象としていたのに対して、本項の2つは**低所得者**を対象とした負担軽減制度です。社会福祉法人による**利用者負担軽減制度**の対象となるサービスが問われました。

特定入所者介護（予防）サービス費

- **低所得者の食費・居住費（滞在費）**の負担については、所得と資産の状況に応じた負担限度額が設けられ、これを超える費用に対して**補足給付**される。

（特定入所者介護サービス費の対象）

支給対象者	・**生活保護受給者** ・**市町村民税世帯非課税者**	
支給対象サービス	入所	・介護老人福祉施設（特別養護老人ホーム） ・介護老人保健施設 ・介護療養型医療施設 ・介護医療院 ・地域密着型介護老人福祉施設入所者生活介護
	短期入所	・（介護予防）短期入所生活介護 ・（介護予防）短期入所療養介護

（負担段階）

第1段階	・生活保護世帯　・世帯全員が市町村民税非課税で老齢福祉年金受給者
第2段階	世帯全員が市町村民税非課税で、年金収入等が80万円以下
第3段階①	世帯全員が市町村民税非課税で、年金収入等が、年間80万円超120万円以下
第3段階②	世帯全員が市町村民税非課税で、年金収入等が、年間120万円超

負担段階の基準となる所得には、世帯収入だけでなく、**資産の状況**も勘案される。

社会福祉法人による利用者負担軽減制度

- 低所得者に対し、社会福祉法人が一定の福祉サービスを提供する場合、支給対象となるサービスの**介護費負担**（定率負担）、**食費**、**居住費**（**滞在費**）、**宿泊費**が対象となる。

（社会福祉法人による利用者負担軽減制度の対象）

支給対象者	・低所得で市町村が生計困難であると認めた者 ・**生活保護受給者**
支給対象	**介護費負担**（定率負担）、**食費**、**居住費**（**滞在費**）、**宿泊費**
支給対象サービス	・訪問介護 ・通所介護 ・短期入所生活介護（介護予防含む） ・定期巡回・随時対応型訪問介護看護 ・夜間対応型訪問介護 ・認知症対応型通所介護（介護予防含む） ・小規模多機能型居宅介護（介護予防含む） ・地域密着型介護老人福祉施設入所者生活介護 ・地域密着型通所介護 ・看護小規模多機能型居宅介護 ・介護老人福祉施設 ・**第１号訪問事業のうち介護予防訪問介護に相当する事業** ・**第１号通所事業のうち介護予防通所介護に相当する事業**

居宅介護サービスでも、**訪問看護**、**訪問入浴介護は対象外**。試験で問われやすいところなので要注意！

プラス＋α アルファ

- 特定入所者介護（予防）サービス費と社会福祉法人による利用者負担軽減制度は**現物給付**である。
- 社会福祉法人による利用者負担軽減制度の利用には、**市町村**に申請をし認定を受ける必要がある。
- 失業や長期の入院などにより収入が激減した場合などは、**市町村の条例**による介護保険料の減免や猶予措置がある。

ささっと復習！

介護保険サービスの全体像

給付	地域支援事業	予防給付	介護給付
介護度	非該当（自立）	要支援１・２	要介護１～５
都道府県が事業者を指定・監督		**・介護予防サービス** ①介護予防訪問入浴介護 ②介護予防訪問看護 ③介護予防訪問リハビリテーション ④介護予防**居宅療養管理指導**	**・居宅サービス** ①訪問介護 ②訪問入浴介護 ③訪問看護 ④訪問リハビリテーション ⑤**居宅療養管理指導**
		⑤介護予防通所リハビリテーション	⑥**通所介護** ⑦通所リハビリテーション
		⑥介護予防短期入所生活介護 ⑦介護予防短期入所療養介護	⑧短期入所生活介護 ⑨短期入所療養介護
		⑧介護予防特定施設入居者生活介護 ⑨介護予防福祉用具貸与 ⑩特定介護予防福祉用具販売	⑩特定施設入居者生活介護 ⑪福祉用具貸与 ⑫特定福祉用具販売
			・施設サービス ①介護福祉施設 ②介護保健施設 ③**介護医療院**
市町村が事業者を指定・監督	**・介護予防・日常生活支援総合事業** **・包括的支援事業**	**・地域密着型介護予防サービス** ①介護予防認知症対応型通所介護 ②介護予防小規模多機能型居宅介護 ③介護予防認知症対応型共同生活介護	**・地域密着型サービス** ①夜間対応型訪問介護 ②地域密着型通所介護 ③認知症対応型通所介護 ④小規模多機能型居宅介護 ⑤認知症対応型共同生活介護 ⑥地域密着型**特定施設入居者生活介護** ⑦地域密着型介護老人福祉施設入所者生活介護 ⑧**定期巡回・随時対応型訪問介護看護** ⑨**看護小規模多機能型居宅介護**
		・介護予防支援	**・居宅介護支援**
		・介護予防住宅改修＊	**・住宅改修＊**

＊住宅改修は事前申請制度

Part 2

保健医療サービスの知識等

項目	出題実績				
1 加齢による心身の変化	26	25	24	23	再
2 高齢者の精神障害	26	25	24	23	再
3 老年症候群	26	25	24	23	再
4 がん・糖尿病	26	25	24	23	再
5 褥瘡	26	25	24	23	再
6 循環器系・呼吸器系	26	25	24	23	再
7 脳と神経系・消化器系	26	25	24	23	再
8 骨・関節	26	25	24	23	再
9 バイタルサイン	26	25	24	23	再
10 検査値	26	25	24	23	再
11 口腔ケア・排泄ケア	26	25	24	23	再
12 食事のケア	26	25	24	23	再
13 薬剤管理	26	25	24	23	再
14 在宅医療管理	26	25	24	23	再
15 ターミナルケア	26	25	24	23	再
16 医療との連携	26	25	24	23	再
17 急変時対応	26	25	24	23	再
18 感染症	26	25	24	23	再
19 認知症の種類	26	25	24	23	再
20 認知症の症状	26	25	24	23	再
21 認知症ケアと認知症対策	26	25	24	23	再
22 訪問看護	26	25	24	23	再
23 通所リハビリテーション	26	25	24	23	再
24 短期入所療養介護	26	25	24	23	再
25 看護小規模多機能型居宅介護	26	25	24	23	再
26 介護老人保健施設	26	25	24	23	再
27 介護医療院	26	25	24	23	再

1 高齢者の特徴 加齢による心身の変化

出題実績
26 25 24 23 再
でる確率 70 %
100 50 0

ココがポイント

個人差はありますが、一般的に、多くの**身体機能**や**精神機能**は加齢により低下する傾向にあります。試験では、聴覚機能では伝音性難聴ではなく**感音性難聴**が加齢の影響が大きいことなど、加齢の変化について正しく理解できているかが問われています。

聴覚機能・視覚機能の加齢変化

- **高**音域が聴き取りにくくなる。
- **感音性難聴**が発生しやすくなる。
- **視力や調整力**は、加齢に伴って低下する傾向にある。
- **遠方**視力よりも**近方**視力が低下しやすくなる（**老眼**）。

（加齢の影響）

聴覚	高音域	＞	低音域
	感音性難聴		伝音性難聴
視覚	近方視力	＞	遠方視力

加齢に伴う聴覚機能・視覚機能の低下により、認知症のリスクが高くなるといわれています。

知能の加齢変化

（結晶性知能と流動性知能）

結晶性知能	個人が長年にわたる**経験**、教育や**学習**などから形成していく知能
流動性知能	新しい場面に適応するときに要求される**問題解決**能力や**新しいこと**を学習する能力

- **結晶性**知能は、加齢による影響をほとんど受けることなく、**比較的維持**される傾向にある。
- **流動性**知能は、加齢による影響を受け、60歳ごろから低下する傾向にある。

⚠ 加齢による**流動性知能**の低下により、**最近の出来事に対する記憶**が低下していく。

その他の加齢による変化

味覚の低下	味の**濃い**料理を好むようになる　など
体内水分量の低下	脱水や皮膚の乾燥をまねきやすくなる　など
嚥下・咀嚼機能の低下	誤嚥を生じやすくなり、誤嚥性肺炎につながることもある　など
骨密度の低下	**骨折**を起こしやすくなる　など

⚠ 高齢者は**体内水分量**の減少等により、**口腔内が乾きやすくなる**。しかし、口渇中枢の機能低下のため、口渇が感じられにくく、口渇を訴えることが**少ない**。

口腔内の乾燥と口渇中枢の機能低下の関係は、頻出です！

高齢者の疾患の特徴

- 加齢に伴い、**免疫機能**が低下する傾向があるため、感染症などにかかりやすくなる。
- 高齢者の疾患の主な特徴は次のとおり。

①個人差が大きい
②疾患の経過が**慢性**化することが多い
③多疾患の合併が多い
④潜在的な**臓器**障害が多い
⑤疾患罹患時に**非定型的**かつ非特異的な症状が現れやすい

プラス＋α アルファ

- **伝音性難聴**は、外耳または中耳の機能が低下することにより起こる難聴。**感音性難聴**は、内耳にある神経細胞の機能低下によって起こる難聴。
- 高齢者は口渇を訴えることが**少ない**ので、**脱水**等に注意が必要である。
- 嚥下障害の有無を確認するために、**食事の所要時間**、むせ・誤嚥の有無、**姿勢**、頸部・体幹の動きなどを観察する。

出題実績
26 25 24 23 再
連続出題中
でる確率 99 %
100 50 0

2 高齢者の特徴

高齢者の精神障害

ココがポイント

高齢者の精神疾患は、精神状態が**定型的でなく**、訴えが多様で曖昧、複数の要因が絡み合っているなどの特徴があります。試験では、**せん妄**に関する出題が多く、**老年期うつ病**や**アルコール関連障害**なども出題されています。

老年期うつ病

原因	女性ホルモンや脳内神経伝達物質の異常、脳の血流障害、脳の器質性疾患、身体疾患、急激な環境の変化、喪失体験、孤独、病前の性格など
症状	・深い憂うつ感や悲哀感、全身倦怠感、睡眠障害、めまい、便秘 ・気分の落ち込みよりも、**不安**、**緊張**、**焦燥感**が目立つ ・**心気的**な訴えが多い　など
対応・治療	薬物療法が基本。必要に応じて精神療法が用いられる

自殺企図につながる危険性は、若年者のうつ病よりも、高齢者のうつ病のほうが高いとされています。

老年期うつ病は、若年期のうつ病に比べて**不安や焦燥感が強く現れる**ことが多い。また、治りにくく、**認知症**に移行することもある。

老年期神経症

原因	身体的な不調、**生活環境**の変化、心理的なショック体験など
症状	悲壮感、不安感、焦燥感などを訴える**抑うつ神経症**、発汗や息苦しさを伴う不安発作や、恐怖感など漠然とした不安が伴う全般性不安障害を訴える不安性神経症、健康への過度な心配や誤った解釈にとらわれる**心気症**
対応・治療	精神療法が基本。不安症状などには抗不安薬、パニック障害などには抗うつ薬が用いられる

せん妄

原因	脳の**器質性疾患**、心疾患、呼吸器疾患、腎疾患、感染症、骨折、手術、脱水、栄養失調、**薬物**など
症状	**夜間**にみられることが多く、**意識混濁**に**錯覚**、**幻覚**、精神運動興奮、運動不穏が加わる
対応・治療	せん妄を引き起こす基礎の**原因**を探し、その治療を行うのが基本

⚠ 高齢者のせん妄は、認知症と間違えられやすいが、一過性の**意識**障害。試験でも問われている。

アルコール関連障害

原因	・体内の水分量の低下などの身体的老化 ・**喪失体験**や**社会的孤立**などの環境変化　など
症状	・体内のアルコール濃度が低下すると**離脱症状**が出やすい ・糖尿病や高血圧などの**身体合併症**が高率に出る ・認知症やうつ病を合併する割合が高い　など
対応・治療	離脱治療後、依存治療。**断酒会**への参加も有用

配偶者の死といった喪失体験や退職といった社会的孤立などをきっかけに、飲酒問題が顕在化することがあります。

プラス＋α アルファ

- 老年期うつ病は、気分の落ち込みよりも、**不安**、**緊張**、**焦燥感**が目立つ。
- 老年期のうつ病は、若年期のものと比べ、**自殺**のリスクが高いだけでなく、睡眠障害や頭痛などの**身体症状**を伴うことも多い。
- 統合失調症とは、原因が明らかになっていない精神疾患で、症状が**改善**した後も、**再発**する可能性がある。

出題実績
26 25 24 23 再
でる確率 90 %

3 高齢者の特徴 老年症候群

ココがポイント

老年症候群とは、高齢者に多くみられるもので、高齢者の**生活機能**が低下し、QOL の低下につながっていく症状や病態をいいます。原因がはっきりしないものが多くなっています。試験では、**フレイル**や**サルコペニア**の定義を中心に出題されています。

フレイル、サルコペニア

- フレイル（虚弱）は、高齢になって**筋力**や**活動**が低下している状態をいう。
- フレイルが進行すると、**生活不活発病**や**寝たきり**につながる。
- 次の 5 項目のうち **3** 項目以上該当すれば、フレイルとみなされる。

①**体重**の減少
②**歩行速度**の低下
③**握力**の低下
④疲れやすい
⑤**身体活動**レベルの低下

定義が頻出。5 項目の内容だけでなく、該当条件が 3 項目以上であることも覚えておきましょう。

- サルコペニア（筋肉減弱症）は、**骨格筋量**の減少のほか、**筋力**や**身体機能**の低下のことをいう。
- 指で輪をつくり、ふくらはぎを囲んで周囲の長さを測る**指輪っかテスト**という検査方法で、サルコペニアをチェックすることができる。
- サルコペニアは、加齢に伴う**活動量**の低下や**栄養**不足などにより、筋肉量が減少することが原因とされる。
- **筋力や身体機能の低下**によるサルコペニアは、**フレイル**の一部と考えられている。

⚠ サルコペニアは、もともと加齢に伴う**骨格筋量**の減少を指していたが、近年では**筋力**や**身体機能**の低下も**含むようになった**ことを理解しておこう。

生活不活発病（廃用症候群）

- 生活不活発病は、日常生活の**活動性の低下**に伴って生じる**身体的・精神的**機能の全般的な低下をいう。
- 具体的な原因として、**寝たきり**、運動不足、**社会参加**の減少などがある。
- 生活不活発病は、動けない・動きにくい→**動かない**（生活が不活発な状態）→**動けなくなる**を繰り返す悪循環となるため、早期発見、早期対応が重要である。

動けない・動きにくい → 動かない（生活が不活発） → 動けなくなる（生活不活発病） →（動けない・動きにくいへ戻る）

（生活不活発病の分類）

身体的機能	全身性	心肺機能低下 **起立性低血圧** **認知機能障害** 尿失禁　など
	局所性	関節拘縮 **筋萎縮** 静脈血栓症 褥瘡　など
精神的機能	精神・神経性	周囲への無関心 自律神経不安定 **抑うつ**　など

身体的機能だけでなく、精神的機能の低下も含むことに注意。

⚠ 老年症候群として扱われる主な症状や病態には、上記のほか、**意識障害やせん妄**、**低栄養**、**脱水**、**めまい**、**手足のしびれ**、**下痢**、**便秘**なども含まれる。

プラスα（アルファ）

- フレイルが進行することで生活不活発病や**寝たきり**につながる。
- フレイルとは、高齢になって**筋力**や**活動**が低下している状態をいう。
- サルコペニアは、**骨格筋量**の減少のほか、**筋力**や**身体機能**の低下までが含まれていると考えられている。
- 老年症候群は、原因がはっきりしていてその病態が解明されている疾患と異なり、原因が**多様**で、はっきり**しない**ものが多くなっている。

出題実績
26 25 24 23 再
でる確率 80 %

4 高齢者の特徴
がん・糖尿病

ココがポイント
がんは、我が国の**死因の第 1 位**であり、重要な疾病の一つです。糖尿病は、**生活習慣病**の一つとして知られるものであり、糖代謝の異常によって起こります。糖尿病の原因が理解できているかなどが問われています。

がん

- 我が国の死亡原因の第 1 位を占める疾患である。
- 胃がんは減少傾向で、**大腸がん**と**肺がん**は増加傾向。
- がんの発生要因には、生活習慣と密接な関係にある**喫煙**や**肥満**、**飲酒**などが含まれており、がんの罹患のリスクが高くなる。
- 高齢者は、若者と比較して痛みの訴えは**少ない**といわれている。
- 末期がんは、介護保険法の**特定疾病**である。

⚠ BPSD（認知症の行動・心理症状）には、**がん性疼痛**が原因のこともある。この場合、**環境の改善や疾患の治療**により症状が改善する場合がある。

糖尿病の種類

1 型糖尿病	インスリンの分泌障害で生じる
2 型糖尿病	インスリンの**作用不足**で生じる

- 糖尿病は、**すい臓**でつくられる**インスリン**の働きが**不足**し、慢性の**高血糖**状態が続く疾患である。
- インスリンは、血液中に流れている**ブドウ糖**を細胞内に取り込み、**エネルギーの源**とする働きをもつホルモンである。
- 高齢者の糖尿病の多くは、生活習慣によって発症リスクが高まる **2 型**糖尿病である。

⚠ 試験では、糖尿病は、インスリンの働きが**不足**することで、血液中の**血糖値が上がる**ことで起きることをしっかりと理解できているかが問われた。今後も出題される可能性がある。

糖尿病の主な合併症

- 糖尿病の合併症には、**毛細血管**が傷ついて起こる細小血管症と、太い血管が傷ついて起こる大血管症に大別される。

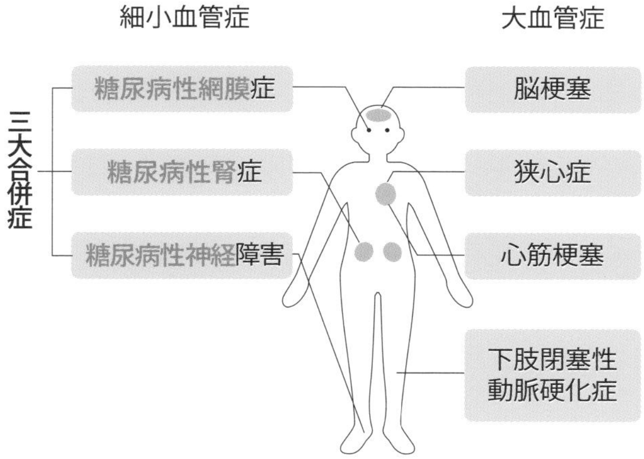

- 糖尿病の三大合併症は、介護保険法の**特定疾病**に定められている。

（三大合併症）

糖尿病性**網膜**症	視力低下や眼底出血
糖尿病性**腎**症	腎機能が低下し、進行すると透析が必要になる
糖尿病性**神経**障害	手足のしびれや疼痛。進行すると足の壊疽を起こすこともある

プラス ＋α アルファ

- 喫煙により、肺がんだけでなく、**胃がん**のリスクも上昇する。
- 糖尿病の**三大合併症**は介護保険法の特定疾病に定められているが、糖尿病そのものは特定疾病ではない。
- 糖尿病は初期には無症状のことが多い。進行すると**口渇**、**多飲**、**多尿**などの症状が現れるが、高齢者では症状がみられないことも多い。

糖尿病により慢性腎不全が起こることがあります。慢性腎不全では、水分やたんぱく質、カリウム、食塩などの摂取量に注意が必要です。

出題実績 26 25 24 23 再

でる確率 90 %

5 高齢者の特徴 褥瘡

ココがポイント

褥瘡（床ずれ）は、**圧迫された皮膚や皮下細胞が壊死した状態**で、症状が進んで感染を起こすと命の危険もあります。試験ではほぼ毎年出題されており、**褥瘡の発生要因**、**好発部位**、**対策**について問われています。

褥瘡の発生要因

- 褥瘡は、**寝たきり**等により、**皮膚への圧迫が骨の突起部に持続的に加わる**ことで起きる。
- そのほか、次のような発生要因がある。

低栄養は、褥瘡の重要な発生要因の一つ！　試験でも頻出しています。

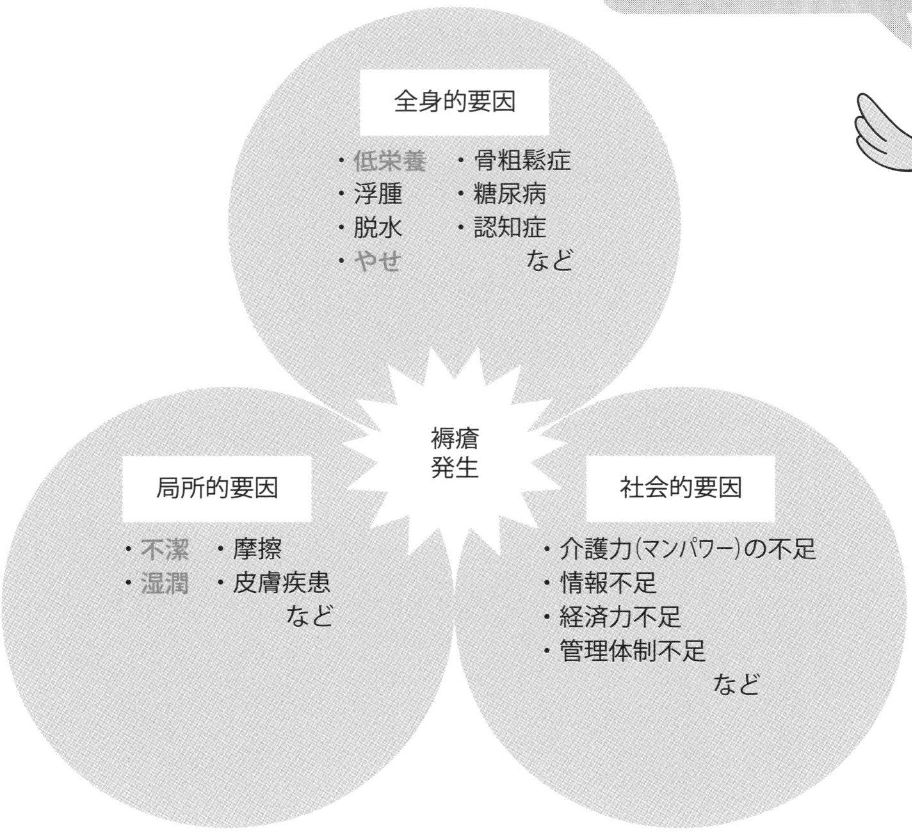

褥瘡の好発部位

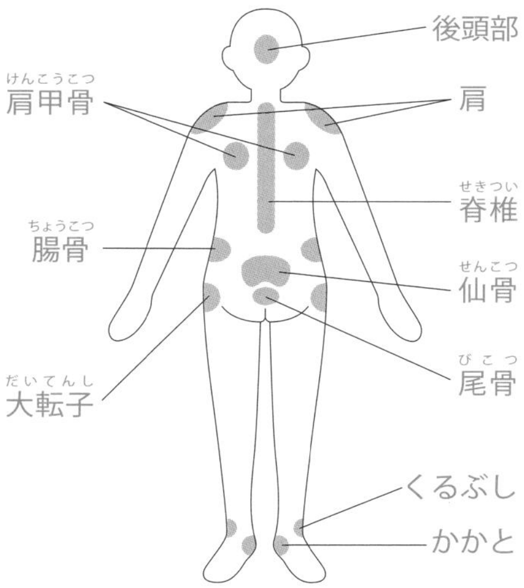

骨の突出部が好発部位です。寝たきりになると、仙骨部、後頭部、肩甲骨、かかとに発生しやすいです。

褥瘡への対応

体位変換の実施	自力で体位変換できない場合は、約 **2** 時間ごとに体位変換を行う
栄養管理の実施	適切に**高たんぱく**、**高カロリー**、**高ビタミン**の栄養補給に努める
予防用具等の活用	エアーマットなどの体圧分散寝具を活用する
清潔保持	**入浴**や清拭によるスキンケア、寝衣・寝具の清潔
家族や介護者への支援	介護知識の指導や必要なサービスの導入への支援
保健医療福祉サービスとの連携	医療職や介護職、薬剤師や栄養士等の他職種が連携する

マッサージを行う場合には、**発赤部分**は避けて行わなければならない。
エアーマットなどを使用している場合でも、**体位変換**は行う。

＋《プラス》α《アルファ》

- 感覚障害や**麻痺**、**認知症**などで、自ら皮膚の圧迫に気付けなかったり、自分で体を動かせなかったりすることは、褥瘡になりやすい要因の一つである。
- 褥瘡の傷口部分から細菌が侵入して感染し、それが全身に及ぶと**敗血症**や**菌血症**になることがある。

出題実績

26 25 24 23 再

でる確率 90 %

100 50 0

6 高齢者に多い疾患 循環器系・呼吸器系

ココがポイント

高齢者に多くみられる循環器系疾患には、心筋梗塞、狭心症、不整脈などがあり、呼吸器系疾患には、慢性閉塞性肺疾患、肺炎などがあります。試験では、**それぞれの対応や治療法**を中心に問われています。

高齢者に多い循環器系疾患

心筋梗塞	概要	**冠動脈**の閉塞により心筋が壊死する
	症状	**前胸部痛**としめつけ感などが通常。**左**肩から頸部の痛みなども
	対応	早急な医療機関への受診が必要
	治療	発症後短時間の場合は、閉塞した冠動脈の再疎通療法が適応となることも
狭心症	概要	**冠動脈**の狭窄により心筋が必要とする酸素が不足する
	症状	・**労作性**狭心症：労作時（運動時）に**前胸部**の圧迫感が生じる ・**異型**狭心症：夜間や未明などに労作の有無にかかわらず**前胸部**の圧迫感が生じる
	対応	発作時には、**ニトロ製剤**を舌下に服用
	治療	カテーテル手術により、血管を拡張する
不整脈	概要	心臓の拍動に異常が発生する
	症状	・**徐脈性**不整脈：脈が遅くなる ・**頻脈性**不整脈：脈が速くなる ・**心房細動**：脈のリズムが不規則（**脳梗塞**をきたすことが多い）
	対応・治療	・**徐脈性**不整脈：**ペースメーカー**の植込みを検討 ・**頻脈性**不整脈：精密検査 ・**心房細動**：ワーファリンなどの抗凝固薬を使用

※循環器系の疾患にはそのほかに、高血圧症や心不全、閉塞性動脈硬化症などがある。

心房細動が、脳梗塞の原因の一つであることは頻出です！

⚠ 心筋梗塞は、激しい前胸部痛が主症状だが、左肩から頸部の痛みも発生することがあるので注意が必要である。また、高齢者では胸痛が少ない無痛性心筋梗塞もみられる。**この 2 点は試験でも狙われやすい**ので、理解しておきたい。

高齢者に多い呼吸器系疾患

慢性閉塞性肺疾患（COPD）	概要	慢性気管支炎と肺気腫を総称してよぶ
	症状	大量の喀痰と呼吸困難などが主症状。二次的に生活不活発病を生じやすくなる
	対応・治療	・禁煙が予防・治療ともに基本 ・気管支拡張薬や吸入ステロイド薬の使用や呼吸リハビリテーションが中心
肺炎	概要	ウイルスや細菌の感染によって起こる。誤嚥性肺炎は、飲食物の一部や分泌物、口腔内細菌などの誤嚥を繰り返すことで起こる
	症状	発熱と咳が主な症状。高齢者の場合は、食欲低下、不穏などの非定形的症状を示すこともある
	対応・治療	抗生物質の投与が主な治療法。インフルエンザワクチンや肺炎球菌ワクチンの接種が推奨されている
急性上気道炎	概要	上気道（鼻から口、喉まで）の炎症、いわゆる風邪症候群のこと。原因のほとんどは、ウイルスの感染によって起こる
	症状	発熱、咳、鼻汁が主な症状
	対応・治療	自然治癒が基本。ウイルスが原因のため抗生物質は効果がない

※呼吸器系の疾患にはそのほかに、肺結核や喘息、気管支炎などがある。

他に、糖尿病性ケトアシドーシスや尿毒症の患者において、異常な呼吸がみられることがあります。

プラス＋α アルファ

- 心筋梗塞は前胸部の強い痛みやしめつけ感などが主症状だが、高齢者では、自覚症状が少ない場合も多いため、診断が遅れることも少なくない。
- 慢性閉塞性肺疾患は、喫煙が最大の原因となっている。
- 肺結核は、感染症法の 2 類感染症に分類され、結核と確定した場合は、診断した医師は直ちに保健所長を経由して都道府県知事に届け出る義務がある。

出題実績
26 25 24 23 再
でる確率 80 %
100 50 0

7 高齢者に多い疾患 脳と神経系・消化器系

ココがポイント
高齢者に多くみられる脳と神経系疾患には、**脳卒中**や**筋萎縮性側索硬化症**などがあり、消化器系疾患には、**胃・十二指腸潰瘍**、**肝炎**などがあります。試験では、**原因や症状、対応など**、それぞれの基本的知識が問われています。

高齢者に多い脳と神経系疾患

脳卒中（脳血管障害）	原因	脳に栄養や酸素を運ぶ血管が詰まったり、切れたりすることで起こる。**高血圧**や**糖尿病**、**脂質異常症**などが原因となる
	症状	意識障害、神経障害、感情障害
	対応・治療	血栓防止の薬物治療のほか、血圧管理、禁煙、運動、食事などの**生活習慣**の留意など
筋萎縮性側索硬化症（ALS）	原因	徐々に全身の骨格筋が**萎縮**して、運動神経の低下を生じる。原因不明
	症状	四肢麻痺、摂食障害、呼吸麻痺に進行。**知能**や**知覚神経**、意識などは保たれる
	対応	病状の進行を止めることはできない。日常生活の援助。進行に応じてコンピュータ等を使った意思伝達装置や人工呼吸器の使用も検討
パーキンソン病	原因	中脳の**黒質**神経細胞が変性・消失することによって起こる
	症状	・起立性低血圧などの**自律神経症状** ・妄想や幻覚などの**神経症状** ・パーキンソン病の**四大運動**症状
	対応・治療	**薬物療法**が基本

※脳・神経系の疾患にはそのほかに、高次脳機能障害や進行性核上性麻痺、早老症などがある。

パーキンソン病の進行度を評価するものとして、ホーエン＆ヤールの重症度分類を使用します。

パーキンソン病の**四大運動症状**は、その詳細が試験で問われたことがある。①振戦《しんせん》：安静時振戦が特徴的、②**筋固縮**：筋肉のこわばり、歯車現象、③**無動**：動作に時間がかかる、表情が乏しくなる仮面様顔貌《がんぼう》、④**姿勢**・歩行障害：上半身が前傾し小刻みな歩行、転倒しやすい。

高齢者に多い消化器系疾患

胃・十二指腸潰瘍	概要	**胃液**によって、胃や十二指腸に潰瘍が生じる
	症状	・上腹部の痛み ・胃潰瘍：**食後**、十二指腸潰瘍：**空腹時**
	対応・治療	薬物治療。出血した場合は、入院、手術
肝炎	概要	肝臓に炎症が生じる 急性肝炎：肝炎ウイルス、自己免疫疾患などで生じる 慢性肝炎：肝炎ウイルス、**アルコール**性肝炎などで生じる
	症状	急性肝炎：全身の倦怠感、食欲不振、腹痛など 慢性肝炎：初期は無症状、進行すると**肝硬変**→**肝不全**
	対応・治療	急性肝炎：安静臥床が基本
		慢性肝炎：薬物療法を行うが、根本的な治療は**肝移植**のみ

※消化器系の疾患にはそのほかに、肝硬変、虚血性大腸炎などがある。

胃・十二指腸潰瘍の原因として、ストレスや薬の副作用のほか、**ヘリコバクター・ピロリ菌の感染**も考えられる。

＋《プラス》α《アルファ》

- パーキンソン病では、安静時の**振戦**や**筋固縮**、仮面様顔貌、姿勢・歩行障害などが現れる。
- 高次脳機能障害の主な症状として、失語、**失行**、**失認**、半側空間無視、**記憶**障害、注意障害などがある。
- ウイルス性肝炎は、感染するウイルスにより、**A 型**肝炎、**B 型**肝炎、**C 型**肝炎などに分けられる。A 型は経口感染、B 型、C 型は血液感染する。
- 肝硬変の治療は、安静と**食事療法**を基本とする。

出題実績

26 25 24 23 再

連続出題中

でる確率 99 %

100 50 0

8

高齢者に多い疾患

骨・関節

ココがポイント

高齢者に多くみられる骨・関節疾患には、**関節リウマチ**や**骨粗鬆症**、**大腿骨頸部骨折**などがあります。試験では、**原因や症状、対応など**、それぞれの基本的知識が問われています。

関節リウマチ

原因	不明
症状	・関節腫張が指の関節などから始まり、膝、股、肩などに拡大する ・身体の**左右対称**に症状がでる ・**朝**に１時間以上続くこわばりが特徴　など
対応・治療	薬物治療のほか、リハビリテーションや手術を行う

⚠ 身体の**左右対称**に症状が出現することと、**朝の起床時**に指の関節がこわばることは頻出である。

骨粗鬆症

原因	**女**性ホルモンの低下、栄養、加齢、日光浴不足など
症状	・骨折しやすくなる ・骨の変形 ・腰痛　など
予防・治療	・予防には、カルシウムやビタミンＤの摂取や**運動**、**日光浴**など ・発症後は、病態によって薬物療法を行う

⚠ 骨粗鬆症は、**女性**に多くみられ、閉経後の**女性ホルモン**の低下で急激に進行する。予防には、適度な運動も効果がある。

関節リウマチと、骨折を伴う骨粗鬆症は、介護保険法の特定疾病です。

変形性膝関節症

原因	関節軟骨の加齢による変性、**肥満**など
症状	・動作開始時の痛み ・関節水腫（関節に水がたまる）
予防・治療	・湿布、消炎鎮痛剤、関節内注射 ・治療で効果が見込めない場合には、骨切り術や人工膝関節置換術など

⚠ 両側の膝関節に著しい**変形**を伴う変形性膝関節症は、**介護保険法の特定疾病**である。

大腿骨頸部骨折《だいたいこつけいぶこっせつ》

原因	多くが**転倒**時に発生する
症状	・高齢者に**最も**多い骨折である ・**寝たきり**の主要な原因となる　など
予防・治療	・予防：①骨粗鬆症の早期発見・早期治療、②転倒防止、③床材の変更や**ヒップ・プロテクター**の使用などによる転倒による骨折の防止策 ・治療：人工骨頭置換術、リハビリテーションなど

⚠ 高齢者に多い骨折にはほかに、**上腕骨近位端骨折《じょうわんこつきんいたんこっせつ》**、**橈骨遠位端《とうこつえんいたん》骨折**、**脊椎圧迫骨折**などがある。

プラス + α アルファ

- 変形性膝関節症のリスクは、大腿四頭筋等の**筋力**を鍛えることや、**減量**することにより、低下が見込まれる。
- 転倒により骨折が疑われる場合は、その部位を**動かさずに固定**することが大切である。

9 バイタルサインと検査値
バイタルサイン

出題実績
26 25 24 23 再
でる確率 90 %
100 50 0

ココがポイント
バイタルサインとは、生命の維持にかかわる最も基本的な情報をいい、主に**血圧・呼吸・体温・脈拍・意識レベル**をいいます。試験では、**バイタルサインの変化の原因**（疾患）が問われています。

体温

- 体温には**日内変動**がある。体温は通常夕方に**高**く、早朝が最も**低**い。
- 体温が **37**℃以上を発熱もしくは**高体温**、**34**℃以下を**低体温**という。

バイタルサインの変化	考えられる主な原因
発熱	**感染症**、**悪性腫瘍**、悪性症候群、膠原病、**脱水**
低体温	環境、**低栄養**、甲状腺機能低下症、腎不全

⚠ 高齢者は、**感染症**にかかっても**発熱がみられない**ことがある。発熱の程度と重症度は必ずしも関連しない。

著しくやせた高齢者の場合、腋《えき》窩《か》部《ぶ》で体温計を密着させることが難しく、体温が正確に測れないこともあるため、注意が必要です。

脈拍

- 脈拍は心臓の拍動を表すものとして、**心血管系の機能評価**を行う最も手軽で有効な方法。
- **100**／分以上を頻脈、**60**／分未満を徐脈、リズムが乱れることを不整脈という。

バイタルサインの変化	考えられる主な原因
頻脈	**脱水**、心疾患、発熱、炎症
徐脈	心疾患、脳圧亢進、薬物中毒
不整脈	心房細動

血圧

- 最高血圧が**140**mmHg 以上、あるいは最低血圧が **90**mmHg 以上を**高血圧**という。高血圧のほとんどが、原因の特定できない**本態性高血圧症**である。
- 高齢者に多い**起立性低血圧症**では、臥位や座位から急に立ち上がったときなどに、ふらつきやめまいがみられる。
- 血圧には**日内変動**がある。他に室内の温度や運動などによっても変動する。

起立性低血圧症の原因
パーキンソン病、**降圧剤**や利尿薬、**血管拡張薬**などの薬剤、飲酒など

呼吸

- **25** 回／分以上を頻呼吸、**9** 回／分以下を徐呼吸という。

バイタルサインの変化	考えられる主な原因
頻呼吸	**発熱**、**心不全**、呼吸器疾患
徐呼吸	糖尿病性ケトアシドーシス、脳卒中

プラス＋α アルファ

- 頻脈の考えられる原因の一つに**脱水**がある。
- 血液中の酸素が欠乏すると、皮膚や粘膜が青紫色になる**チアノーゼ**が起こる。
- 大動脈疾患や進行した動脈硬化の場合、血圧に左右の上肢で**左右差**がみられることがあるため、左右での血圧測定が必要になる。
- 慢性閉塞性肺疾患（COPD）の患者では、**口すぼめ**呼吸がよくみられる。
- 臨死期には、喉元でゴロゴロと音がする**死前喘鳴《ぜんめい》**がみられるが、首を横に向ける、点滴の量を減らす、吸引するなどで軽減することがある。
- 臨終が近くなると、顎だけで呼吸する**下顎《かがく》呼吸**がみられる。
- 意識レベルの評価方法として、日本では**ジャパン・コーマ・スケール**（JCS）が使われており、数値が大きいほど、意識障害が**重度**である。脈拍の結滞（拍動が欠けること）による**不整脈**は、正常者でもよくみられるので、頻度が高くなければ通常は問題にならない。

10 バイタルサインと検査値
検査値

出題実績 26 25 24 23 再

連続出題中 でる確率 99 %

ココがポイント

高齢者の疾患や症状を知るため、また、予防に役立てるためには客観的な検査値が重要な判断材料となります。試験では、毎年出題されており、**それぞれの検査の異常値で考えられる疾患**を中心に問われています。

体格

- 体格を表す指標には BMI があり、「**体重（kg）÷（身長（m）×身長（m））**」で求められる。

BMI が 25 以上	肥満
BMI が **18.5** 未満	**低体重**

同じ体重でも身長が低いと、BMI は高くなります。

（体重変化により疑われる病気）

減少	悪性新生物（悪性腫瘍）、糖尿病の悪化など
増加	肥満症、浮腫性疾患（心不全、肝硬変、ネフローゼ）など

- 腹囲が男性 85㎝以上、女性 90㎝以上で、かつ血圧・血糖値・脂質のうち 2 つ以上が基準外の場合、メタボリックシンドロームと診断される。

総たんぱく・血清アルブミン

- 総たんぱくは、高齢者では低下する傾向がある。
- 血清アルブミンは栄養状態をみる指標として用いられ、数値の低下は、**低栄養**を示している。

（総たんぱく・血清アルブミンの検査値）

検査結果	考えられる主な原因
高たんぱく血症	**脱水**、感染症、自己免疫疾患
低たんぱく血症	**低栄養**、肝硬変
血清アルブミン値：**3.6**g ／ dL 以下	**骨格筋**の消耗が始まっている可能性がある

肝機能・腎機能

（肝機能の検査値）

項目	異常値のときに考えられる主な原因
ALT（GPT）	肝・胆道疾患
AST（GOT）	**心筋梗塞**、筋疾患、肝・胆道疾患
γ -GTP	アルコール性肝炎、脂肪肝

- ALT や AST は、**加齢**による変動はない。
- γ -GTP は加齢による影響があり、40 ～ 50 歳くらいをピークとしてそれ以降は**徐々に低下**する。

（腎機能の検査値）

項目	**上昇**時に考えられる主な原因
BUN	腎機能低下、脱水、高たんぱく食、悪性腫瘍
Cr	腎機能低下

- 腎機能低下時に尿素窒素（**BUN**）、クレアチニン（**Cr**）は**上昇**する。

血算

- 血算では、血液中の赤血球、白血球、血小板の数などを調べる。
- 白血球数は、細菌感染で**増加**し、ウイルス感染で**減少**する。

（血液の検査値）

項目	値の変化	考えられる主な原因
赤血球	**低下**	貧血、悪性腫瘍
白血球	**増加**	細菌感染、炎症、白血病、悪性腫瘍
	低下	再生不良性貧血、ウイルス感染症
血小板	**増加**	炎症
	低下	血小板減少症、薬剤の副作用

その他、採血による生化学検査項目では、**CRP（C 反応性たんぱく質）**が頻出である。CRP は、**細菌感染**をはじめ、体内の**炎症**の有無や程度を調べることができる。

血糖、HbA1c

- 血糖値は、**糖尿病**の指標となる検査である。
- 糖化ヘモグロビン（HbA1c）は、過去**1～2か月**の平均的な血糖レベルを反映しており、血糖値と異なり、当日の食事や運動の影響を受けない。
- 血糖値と糖化ヘモグロビンの両方を測ることで、当日の血糖レベルと長期間の血糖レベルを知ることができる。

過去に糖化ヘモグロビンの値の反映期間を「1～2時間」とした出題があった。細かいところも確認しておこう。

心電図

- 心臓の筋肉の収縮をグラフにあらわした心電図は、**不整脈**、**心筋梗塞**、**狭心症**などの診断に不可欠である。
- ホルター心電図は、日常生活中の24時間の心電図を記録できる。

（ホルター心電図検査の流れ）

携帯型のホルター心電図を装着 ⇒ **通常通りの生活**を送る ⇒ 解析

ホルター心電図による検査は、**入院**や**臥床**の必要は**ない**。試験でよく問われている。

検尿、便潜血

検尿	**糖尿病**、腎臓病、尿路感染症など
便潜血	**大腸がん**など

便潜血の検査は、便を**2**回異なる日に採取し、どちらか一方でも血液が混じっていれば陽性と判断される。なお、痔などの出血でも陽性となる。

X 線検査

胸部 X 線検査	**呼吸器疾患**（**結核**や肺炎などの感染症、**肺気腫**などの慢性閉塞性肺疾患、肺がんの発見）や**心疾患**（**心不全**による心拡大や胸水の貯留など）
腹部 X 線検査	**腸閉塞**、消化管穿孔《せんこう》、尿管結石など
頭部 CT 検査	脳血管障害、頭部外傷など

感染拡大や重篤化防止のために、胸部 X 線検査は、高齢者は年に一度は行うことが必要です。

血清脂質

- 脂質異常症は、血中の中性脂肪や LDL コレステロールの割合が増加して**動脈硬化**の要因となる。
- 最近では、悪玉の LDL コレステロールの代わりに、**総コレステロール**から善玉の HDL コレステロールを引いた nonHDL コレステロールが脂質異常症の指標として使用され始めている。

項目	脂質異常症の判断基準値
HDL コレステロール	**40**mg/dL 未満
LDL コレステロール	**140**mg/dL 以上
nonHDL コレステロール	**150**mg/dL 以上
中性脂肪	**150**mg/dL 以上

プラス＋α アルファ

- 狭心症の診断は、**運動負荷心電図**や**冠動脈造影**によって行われる。
- 狭心症は、発作が起きていないときは**心電図**では異常がみられないことが多い。
- 栄養素の**過剰**な摂取による**過栄養**状態によって、メタボリックシンドロームが引き起こされることがある。

出題実績

26 25 24 23 再

でる確率 90 %

100 50 0

11 介護技術

口腔ケア・排泄ケア

ココがポイント

口腔ケアは、**口腔機能の低下防止**に重要な意味をもちます。排泄ケアは、高齢者の**自尊心に配慮**して行うことが大切です。第 18 回まで頻出項目だった口腔ケアは、久しぶりに第 22 回で出題されました。排泄については、**排尿障害の定義や対応**が問われています。

口腔ケアの効果

- 口腔疾患を予防する
- 口臭を予防する
- **誤嚥性肺炎**を予防する
- **唾液分泌**を促す
- 味覚・発音・構音機能を保つ
- 生活リズムを整える

唾液には口腔内の自浄、抗菌、粘膜保護などの作用があります。

⚠ 口臭の発生原因として、唾液の分泌量の低下のほか、**食物残渣**や**粘膜上皮細胞**の脱落がある。

口腔ケアの留意点

経管栄養療法や輸液療法を行っている場合	口腔内に**細菌が繁殖しやすく**、口腔ケアが重要になる
義歯を使用している場合	・食後は**義歯を外して**口腔内を清掃し、義歯はブラシを使用して**流水**でよく洗う。夜間は義歯をはずして清潔な水につけておく
毎食後が基本	・1日1回しか行えない場合には、**夕食**後に行う

⚠ 誤嚥性肺炎は、口腔内の**細菌**が肺に入ることにより起こるため、口腔ケアによって口腔内の**細菌**を減少させることで、**誤嚥性肺炎の予防**につながる。

排尿障害

排尿障害の種類	特徴	対応
切迫性尿失禁	膀胱括約筋の弛緩や排尿神経の鈍化などにより、尿意の我慢ができずに失禁する	薬物療法や排尿を計画的に行う膀胱訓練が効果的
腹圧性尿失禁	重いものを持ち上げたり、くしゃみをしたりなど、お腹に力が入った際に失禁する。中高年の**女**性に多い	骨盤底の筋肉を強化する骨盤底筋訓練が効果的
溢流性《いつりゅうせい》尿失禁	**前立腺肥大**等により少量の尿を失禁し続ける	残尿をなくす
機能性尿失禁	排尿障害はないが、認知症や身体機能の低下などにより、トイレに間に合わず、失禁する	尿意のサインを把握する、トイレへの動線改善などの環境調整など

種類と特徴、対応を入れ替えた出題も。それぞれを整理して理解しておきましょう！

⚠ 排尿や排便の障害では、薬や手術による治療だけでなく、**骨盤底筋訓練**を行う、**生活リズムの改善**などさまざまな解決策が考えられることを理解しておきたい。

プラス＋α アルファ

- 口腔内に食物が入ると、味覚・知覚の情報が**中枢神経**に送られ、**末梢神経**を介して咀嚼、嚥下にかかわる筋肉を動かし、嚥下反射により**気管**の入り口が閉じられて、食物が気道に入らないようにする。
- 口腔内で食物が粉砕されることで**嚥下**しやすくなり**消化**も容易になることから、歯の喪失は**咀嚼能力**の低下につながる。
- 片麻痺による運動障害や感覚障害がある場合、**麻痺側の口腔内**に食べ物が残りやすいため、**麻痺側の口腔内**は汚れやすくなる。
- 排尿・排便コントロールには、対象者の**排尿・排便間隔**を把握し、食生活などの**生活リズム**を整えることが大切である。

出題実績
26 25 24 23 再
でる確率 80 %
100 50 0

12 介護技術
食事のケア

ココがポイント

食事介護は、栄養摂取の目的だけでなく、生きがいにもつながる人生にとって大きなテーマです。**誤嚥防止の支援方法や低栄養に関する出題**が目立ちます。

味覚の低下による影響

- 高齢者は、加齢や病気、薬の摂取などにより味覚が低下し、**食欲・食事量**が低下することで**低栄養状態**となることがある。
- **唾液分泌量**が減少すると、口腔内が乾燥し、味覚低下の原因となる。
- **亜鉛**不足により味覚が低下することがある。

薬剤の副作用、口腔乾燥、口腔真菌症など

↓

味覚の低下

↓

・塩分や糖分を多く含む味の濃い食事を好むようになる
・食事量が低下し低栄養状態となる

加齢により味覚の低下が起こります。

⚠ そのほか、高齢者の場合は、「**嗅覚**や**視覚**の低下により**食欲不振**につながる」、「**嚥下反射**の低下によりうまく飲み込むことができない」、「腸の**蠕動運動**の低下により**便秘になりやすい**」など、食事に関する問題を抱えることが多くみられる。

誤嚥防止のための介護技術

- 食事をとる姿勢はできるだけ**座位**で、頭部と体幹をわずかに**前**傾させ、下あごを引く。座位が難しい場合は、**上体**だけでも起こす。
- いきなり食事を始めると、むせてしまうことが多い。深呼吸、口を動かすなどしてから食べ始める。
- 冷たい食品や温かい食品、辛い食品は**嚥下反射**を高める効果がある。
- 嚥下後に**食物残渣《ざんさ》**がないか口腔内をチェックする。
- 食事後、すぐに**臥位**にはならない。

（誤嚥を生じやすい食品）

パサパサするもの	カステラ、パン、凍り豆腐
弾力のあるもの	かまぼこ、こんにゃく
粘りの強いもの	餅、団子
口の中に粘着するもの	わかめ、海苔
酸味の強いもの	酢の物、柑橘類

低栄養

- 低栄養は、栄養が不足した状態である。
- 高齢者の低栄養状態を改善するには、**たんぱく質**と**エネルギー**の摂取が重要である。

（低栄養）

原因	**消化吸収機能**の低下、食事量の減少、日中の活動量の低下や薬物の副作用などによる食欲の低下など
起こしやすい症状	貧血、**浮腫**、**腹水**、**褥瘡**、筋肉量の低下による**転倒**、感染症など
診断方法	**血清アルブミン値**、体重、BMI、上腕などの皮下脂肪厚

プラス ＋α アルファ

- 成人の唾液の１日の分泌量は、平均**1L**といわれている。
- 食事前に**氷**など冷たいものを口に入れることで、嚥下反射が刺激され、飲み込みがスムーズになる。
- 高齢者の状態に合わせて、食事時間の調整や**姿勢**の工夫、食事摂取の際の**声かけ**や見守りも重要である。

出題実績
26 25 24 23 再
でる確率 90 %

13 介護技術 薬剤管理

ココがポイント

多くの疾患を併せもつ高齢者にとって、薬剤の管理や知識を得ることは、薬の効果を最大限に発揮し、副作用を防ぐことにもつながります。試験では、**薬の管理方法の工夫**について問われたものが目立ちます。

高齢者と薬の関係

- 高齢者は複数の疾患を有していることが多く、そのため**多種類の薬剤を併用**することが多い。多くの薬剤を併用していることを**ポリファーマシー**という。
- 服用する薬剤の種類が多くなると、**副作用**のリスクが高くなる。
- 症状が**消失**すると自己判断で内服をやめてしまうことがあるため、**内服状況**の確認が必要である。
- 飲み忘れや飲み違いを防ぐため「**お薬カレンダー**」などを利用して服薬管理を行うとよい。

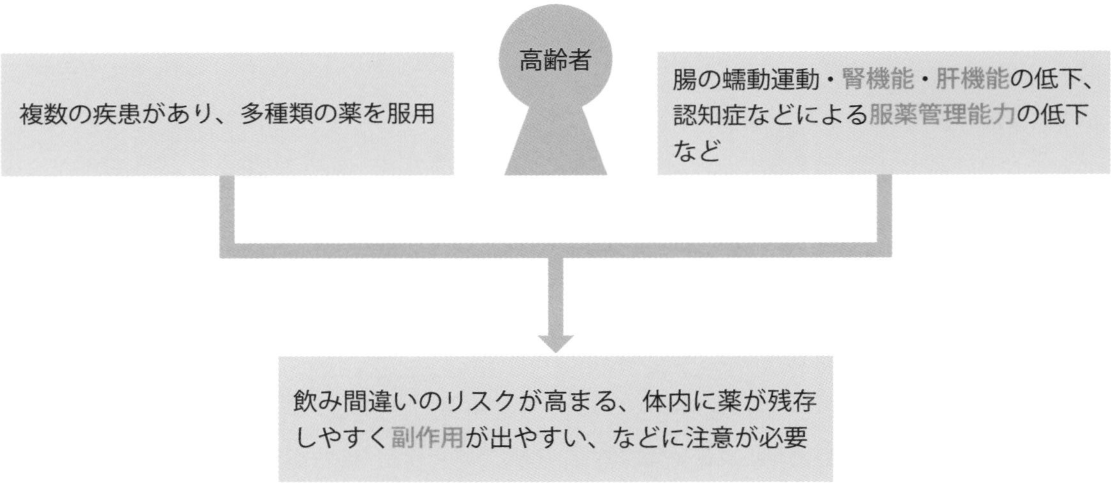

⚠ 薬剤は主に**尿**で排泄される。尿をつくる**腎臓**の機能低下により**薬の排出が遅くなる。**また、薬物代謝を行う**肝臓**の機能低下により、薬物代謝の速度が**遅く**なり**薬の血中濃度が増加**する。

薬の種類と副作用

原因となる薬剤	副作用
降圧剤	**起立性低血圧**、めまい、眠気、ふらつき
利尿薬	**脱水**症状
抗不安薬	**便秘**、**口渇**、排尿困難、眠気、注意力の低下、反射運動能力の低下
血糖降下剤	低血糖
抗うつ薬	眠気、**めまい**、嚥下障害、口渇、排尿困難、頭痛
鉄剤	消化器症状
麻薬	吐き気、眠気、**便秘**、**口渇**

⚠ 降圧剤の副作用として、**めまい**、**ふらつき**、**起立性低血圧**などがある。降圧剤を内服中の高齢者は**転倒しやすい**ことに注意。

通常、薬は多めの水で服用しますが、水なしでも飲めるOD錠は、嚥下機能の低下した高齢者でも飲みやすいのが特徴です。口腔内で溶け消化管で吸収されます。

組み合わせに注意が必要な食材と医薬品の例

- 薬剤の相互作用は、普段摂取している食品や嗜好品などでも起こる可能性がある。

（注意が必要な組み合わせ）

食品名	医薬品名
納豆、クロレラ	ワーファリン（抗凝血薬）
グレープフルーツジュース	カルシウム拮抗薬（降圧薬）、タクロリムス・シクロスポリン（免疫抑制薬）、イトラコナゾール（抗真菌薬）、イレッサ（抗がん剤）
牛乳	エトレチナート（角化症治療薬）

⚠ 薬剤の相互作用は、**薬物間相互作用だけでなく**、**食品**や**栄養補助食品**との間でも起こる可能性がある。

出題実績
26 25 24 23 再
連続出題中
でる確率 99 %

14 介護技術
在宅医療管理

ココがポイント
在宅医療管理は、**在宅自己注射**や**悪性腫瘍の疼痛管理**、**在宅酸素療法**等、幅広い内容になっています。在宅介護の増加によりその重要性が増していることから、**毎年2、3問出題**されています。過去問を中心に、それぞれのポイントをおさえる学習が効率的です。

在宅自己注射

- 高齢者で多いのが、**糖尿病**のインスリン自己注射である。
- インスリンの自己注射は、体内の**インスリン分泌**の不足を補うために行う。

インスリン：血糖値を**下げる**働きがある

↓

過剰に投与すると、**低血糖**に陥る

低血糖では、冷や汗、動悸、意識レベルの低下などが生じ、重症化すると意識障害や昏睡に至ります。

人工透析

- 腎機能の低下により、**血液**をろ過して老廃物を尿として生成することができなくなった場合に使用する。
- 人工透析の方法には、**血液透析**と**腹膜透析**（在宅自己腹膜灌流法）がある。

（人工透析の方法）

	血液透析（HD）	腹膜透析（CAPD）
透析開始までの手術	**腕**への透析用血管（シャント）手術	**腹部**へのカテーテルの植込み手術
方法	**体外**の透析膜より血液を濾過	**患者自身の腹膜**を透析膜として使用し血液を濾過
通院回数	**週3**回程度	**月1～2**回程度

（血液透析と腹膜透析の管理の違い）

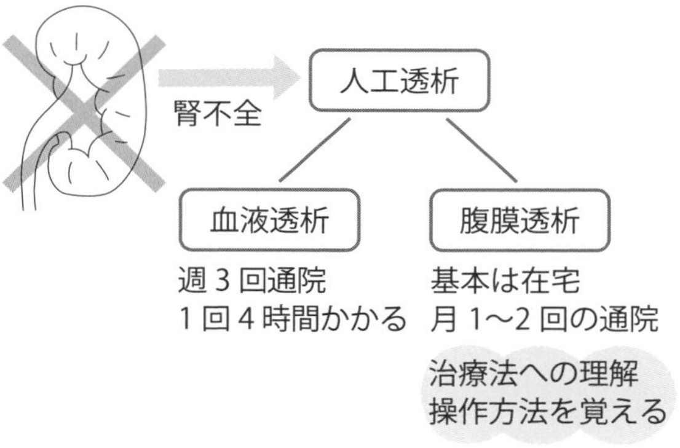

シャントを圧迫しないよう、シャント側での**血圧測定**などは控える。頻出ポイントである。

在宅中心静脈栄養法／経管栄養法

- **在宅中心静脈栄養法**は、食事の経口摂取や経腸栄養ができない場合に、高濃度栄養剤を心臓に近い太い血管である**中心静脈**から投与する。
- 投与の方法は、カテーテルを用いた体外式と、ポート型の完全皮下埋め込み式がある。
- 経口摂取が困難または不十分である場合に栄養を補う方法として行う場合は、**経口摂取**と併用することが可能である。

（在宅中心静脈栄養療法の管理のポイント）

栄養剤のバッグやルート	毎日交換する
ポート針	週に 1~2 回交換する
留意点	・**入浴**は可能だが、特別な配慮が必要。医師らと連携する ・カテーテルの取り扱いに注意が必要 ・無菌操作の必要性を理解する

- **経管栄養法**は、消化機能は十分であるものの、何らかの理由によって**経口摂取**が不可能である場合に適用される。
- 在宅で療養を行っている患者が、チューブを通して**流動食**を注入する方法である。
- **経鼻胃管**、**食道ろう**、**胃ろう**、**腸ろう**がある。
- カテーテルが回転するかを定期的に確認する。また、**交換**は、経鼻胃管では 1 か月をめどに、胃ろうでは、バルーン型は１か月、バンパー型は６か月をめどに行う。

⚠ 胃ろうに栄養剤を注入する際は、胃から食道への**逆流を防ぐ**ため、**座位**または半座位（上半身を**30度以上起こした**状態）で行う。

このほか、機器の造設により医療管理を行うものとして、ストーマ（人工肛門、人工膀胱）があります。食事や入浴に制限はありません。

在宅人工呼吸療法／在宅酸素療法

- **在宅人工呼吸療法**は、呼吸機能の低下により、長期の**呼吸不全**が予測され、持続的な気道確保や人工換気が必要な患者に実施する。
- 対象となるのは、主に筋萎縮性側索硬化症、**パーキンソン病**などの神経難病や長期の意識障害の患者などです。

（在宅人工呼吸療法の方法）

侵襲的陽圧換気法（IPPV）	気管挿管や**気管切開**を行って、直接気道を確保し換気する
非侵襲的陽圧換気法（NPPV）	マスクなどを使用して換気する

- **在宅酸素療法**は、呼吸器疾患や心疾患などで、酸素の取入れが十分にできなくなった患者に実施する。
- 対象となるのは、主に高度慢性呼吸不全やチアノーゼ型先天性心疾患、**肺高血圧症**の患者などである。

在宅酸素療法の留意点	・酸素の流量の調整は**医師**の指示を確認してから行う ・火気厳禁で、機器は火気から**2**m 以上離す ・バッテリーは**定期的**に充電状態を確認する ・吸入器具は、少なくとも**1**週間に**1**回交換をする

⚠ **酸素流量の医師の指示の必要性**については、頻出である。
酸素ボンベの使用に慣れていたり、患者が息苦しさを訴えたりしても、**医師の指示**が必要である。

喀痰吸引

- 口腔や鼻腔、気管カニューレ内部からチューブを入れて、痰や唾液などを吸引して除去し、**窒息**や**肺炎**などを予防する。
- 吸引用のチューブは、使うたびに毎回洗浄、**消毒**する。
- 喀痰吸引は、**医師**の指示のもとに行われる。

⚠ 喀痰吸引は、介護福祉士等が行える**医療行為**である。ただし、吸引器は、介護保険の福祉用具給付品目には**含まれていない**。

悪性腫瘍疼痛管理

- **末期**の悪性腫瘍（がん）による身体的な痛みを緩和する。
- 痛みの緩和には主に**麻薬**が使われる。
- 麻薬の主な副作用には、**便秘**、**吐き気・嘔吐**、**口渇**、**眠気**などがある。

（疼痛治療の目標）

第１目標	痛みに妨げられない夜間の睡眠
第２目標	安静時の痛みの消失
第３目標	体動時の痛みの消失

がん末期だけでなく、がんと診断されたときから治療と並行して行うこともできます。

プラス ＋α アルファ

- インスリンの自己注射の効果は、体調不良時に**強く**でる。
- 人工透析を受けている者は、**心筋梗塞**や**脳卒中**のリスクが高い。
- 膀胱留置カテーテルの蓄尿バッグは、膀胱よりも**低い**位置に置くことで逆流を防ぐ。
- 在宅酸素療法では、呼吸同調型酸素供給装置を使用すると、酸素を**吸気時**のみ流出させるため、酸素ボンベの消費を**減らす**ことができる。

出題実績
26 25 24 23 再
連続出題中
でる確率 99 %
100 50 0

15 介護技術 ターミナルケア

ココがポイント
ターミナル期（終末期）に提供されるターミナルケアは、ホスピスだけでなく、**在宅**でも行われます。毎年のように出題されており、**ターミナル期のケアや臨死期の兆候**、**死亡診断**について問われています。

ターミナル期の変化とケア

ターミナル期の変化	ケアの方法
食欲が落ち、体重が減る	・軽い前傾姿勢や顎を引いた姿勢などふさわしい姿勢を保持する ・食べやすい食形態にアレンジする ・十分に食事をとれなくなった場合、量よりも**楽しみ**や**満足感**を重視する
口腔や嚥下の機能が落ちる	・嚥下状態や口腔内の状況を定期的に観察する ・**口腔ケア**を重視 ・誤嚥しにくい食形態に工夫する
意欲や活動量が減る	・無理のない程度に好きな活動やケアを続ける ・眠るときと目覚めるときの**リズム**をつける ・環境整備や見守り強化などにより**事故予防**に努める ・息苦しさを緩和するため、ベッドの角度を調整するなど姿勢の工夫をする
体調を崩すことが増える	
褥瘡ができやすい	皮膚の状態をよく観察し、**体位変換**や**清潔・保湿**を心掛けるなどの予防に努める

意思決定の支援のかかわり

- **リビング・ウィル**とは、利用者がどのような医療や介護を望むかを**表明**することで、本人の**尊厳**を重視することにつながる。
- **コンセンサス・ベースド・アプローチ**とは、重度の**認知機能障害**や**意識障害**を有する利用者の場合に、家族のほか複数の医療・介護専門職が集まって方針を決めることである。

終末期にあたり、家族の予期悲嘆について、不安に感じていることに耳を傾け声をかけることは、看取りへの**心の準備**を促すことにつながる。

エンゼルケアとグリーフケア

ケア	内容
エンゼルケア	死後、医療器具を抜いて、体液や排泄物が漏れてこないための処置、褥瘡などの傷を保護する手当て、身体を清潔にするためのケア、着衣を整えるなど
グリーフケア	遺族の悲嘆への対応や配慮

死亡診断

- 死亡診断書を発行できるのは、**医師**と**歯科医師**のみである。
- 医師が立ち会っていない場合は、最後の診察から **24** 時間以内であれば、死亡後に改めて診察を行うことなく死亡診断書を交付することができるが、**24** 時間以上の場合は再度診察してからの交付となる。

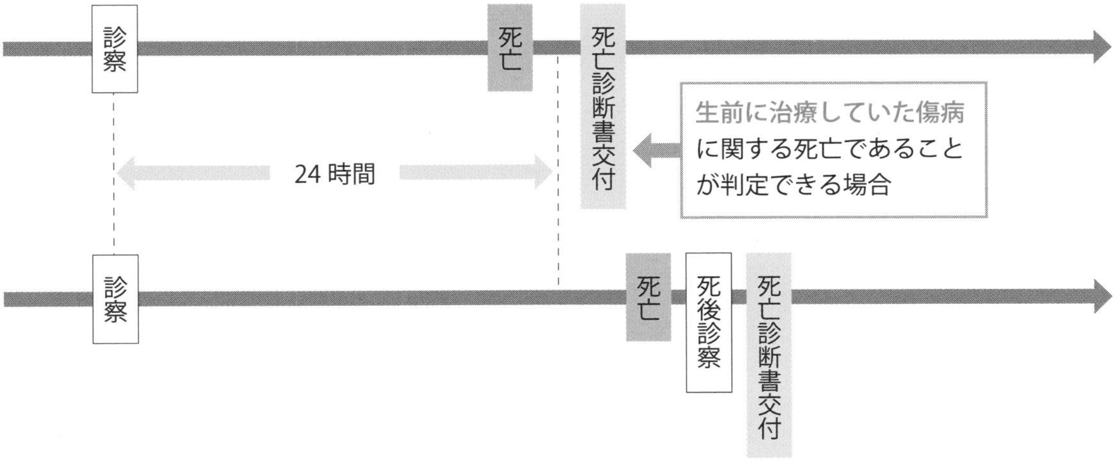

- 医師が診察していない患者、または死亡原因が診察している疾患でなかった場合は、死亡診断書に代えて、**医師**が**死体検案書**を発行する。

> 死亡診断書を**歯科医師**も発行できることは、**見落としがち**である。また、**死体検案書**を発行できるのは、**医師のみ**で、歯科医師はできない点も覚えておきたい。

出題実績
26 25 24 23 再
でる確率 90 %

16 医療との連携

医療との連携

ココがポイント
要介護者の中には医療を受けている者も多いため、医療機関との連携は重要になります。試験では、インフォームド・コンセントをはじめとする医療の概念が頻繁に問われています。

インフォームド・コンセント

- 医師が患者に医療行為について説明をし、患者がその説明を受けたうえで同意することを**インフォームド・コンセント**という。
- インフォームド・コンセントはアメリカで生まれた言葉で、「**十分な説明と同意**」と訳されることもある。
- 治験（「くすりの候補」の効果と安全性を調べ国の承認を得るための試験）においても、インフォームド・コンセントの手続きは**必要**である。

（インフォームド・コンセント）

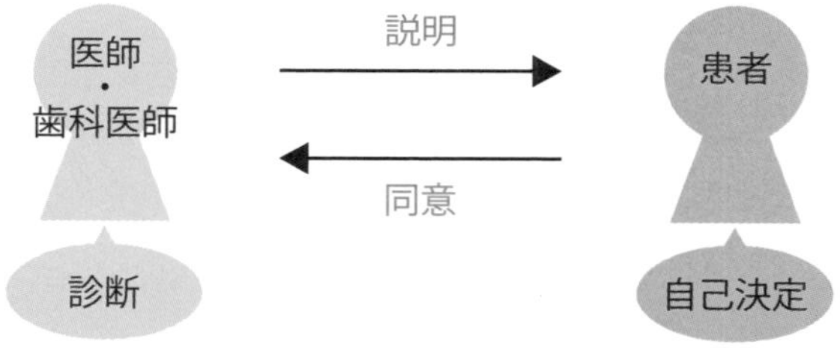

インフォームド・コンセントは、患者が**検査**や**治療**の必要性や診断について医師による説明を受け、納得し、同意して検査を行うことをいう。治療だけでなく、検査も含まれる。

EBM と NBM

- 医療の概念として、EBM と NBM がある。

EBM（**Evidence** Based Medicine）	医師個人の経験だけに頼るのではなく、**科学的な根拠**に基づいた医療
NBM（**Narrative** Based Medicine）	個々の人間の**感じ方**や**考え方**に耳を傾けて自己決定を促す医療

入院時情報連携加算

- 居宅介護支援事業所において、利用者が入院する際に医療機関に対して必要な**情報提供**を行った場合に、1か月に**1**回を限度に加算できる。

入院時情報連携加算（Ⅰ）	入院後３日以内に医療機関に情報提供
入院時情報連携加算（Ⅱ）	入院後４～７日以内に医療機関に情報提供

情報提供の方法は**問われない**。ファックス等でも OK。

プラスα（アルファ）

- 原則として、診察や検査は、**患者**の身体的負担が小さいものから行う。
- **予後**とは、病気の経過の見通しのことをいう。
- 予後の説明は、**患者本人**に対して行うが、高齢者の場合は、**家族**の同席を求めることもある。
- 入院時における医療機関との連携として、居宅介護支援事業所から病院への情報提供のため、**入院時情報提供書**を用いることがある。

出題実績

26 25 24 23 再

でる確率 70 %

100 50 0

17 急変時の対応 急変時対応

ココがポイント

要介護者等は容態が急変する可能性があるため、常に急変時の対応について準備することは、安全な介護につながります。試験では、**急変の原因や対応**が問われています。

急変時の対応方法

症状・主訴	対応
窒息（誤嚥）	• **側臥位**にして、口の中の異物を指でかき出す • **ハイムリック**（腹部突き上げ）法（患者のみぞおちを強く圧迫する）または**背部叩打《こうだ》法**（後ろから肩甲骨の中間あたりを強く叩く）
心停止	**心肺蘇生法**（胸骨圧迫〔心臓マッサージ〕や人工呼吸を組み合わせて行う）
腹痛	腹痛を訴えても**心筋梗塞**や**肺塞栓**が原因のこともあるため、痛みの箇所や痛みが生じた時間などの詳細を聴き取る
嘔吐	**側臥位**をとらせて、吐物で窒息するのを防ぎ、嘔吐物の除去を試みる
発熱	**脱水**に注意が必要。**解熱剤**の使用は自己判断せずに医療職に相談する
出血	傷口を清潔なタオルなどで**圧迫**し、出血部位を**心臓**の位置より高くする
やけど	すぐに冷やす。服の下をやけどしたときは、衣服を無理に**脱がさず**、上から流水で冷やす
麻痺	**脳血管障害**の可能性が高く、一過性のものでも医師に報告する。意識障害などを伴う場合にはすぐに救急車を要請する

窒息時には、胸部ではなく**みぞおち**を突き上げる**ハイムリック法**などを試みる。心肺蘇生法の胸骨圧迫と**混同しないように**注意する。

胸痛・腹痛

- 胸痛の主な原因には、**狭心症**、**心筋梗塞**、解離性大動脈瘤、肺梗塞などがある。
- 腹痛の主な原因には、**胆石症**、**十二指腸潰瘍**、腸閉塞、食中毒などがある。

- 心筋梗塞では、発作性の胸痛は 30 分〜**数日間**持続することもある。
- **心筋梗塞**や胸膜炎、肺炎などの病気で、腹痛を感じることもある。

⚠ 心筋梗塞による痛みは、胸痛だけでなく、**腹痛**のこともある。

吐血・喀血・下血

（吐血・喀血の場合）

症状		出血部位	対応方法
吐血	口から血を吐くこと	食道、胃、十二指腸などの**消化器**	医療機関に連絡する。血圧低下もみられる場合は救急車を要請する
喀血		気管、気管支、肺などの**呼吸器**	

（下血の場合）

症状		便の色	疑われる病名
下血	消化管の出血が肛門から出てくること	**黒色**便	胃がんや胃潰瘍などの**上部消化管**の病気を疑う
		鮮血便	大腸がんなどの**下部消化管**の病気を疑う

黒色便は、胃などの上部消化管で生じた出血が、小腸に流れて胃酸と反応して黒くなり、黒い便となります。

プラス α アルファ

- 意識が不明な場合は、①**意識**の確認（肩をたたく、呼びかけるなど）→②**呼吸**の確認（胸が動いているか、口や鼻から呼吸音がするかなど）→③**循環**の確認（脈拍をみる）を行う。
- 急な発熱があっても、副作用の危険もあるため、安易に**解熱剤**を使用せず、医療職に相談する。
- 下痢が続くと脱水症になることがあるため、**水分**摂取を行う必要がある。
- 急変時への**対応**や**緊急受診先**をあらかじめ主治医や家族と共有するよう努める。
- 吐血や喀血だけでなく、**下血**の場合も、医療機関に相談する。

18 急変時の対応

感染症

出題実績
26 25 24 23 再
でる確率 90 %

ココがポイント

高齢者は抵抗力が弱っているので、感染症に罹る危険性が高くなっています。介護に関係する者として、とても重要な項目です。試験では、毎回のように出題されており、**感染経路や予防策**を中心に問われています。

主な感染症と感染経路

感染症	主な感染経路	予防等
結核	**空気感染・飛沫感染**	・**2**週間以上継続した咳がみられる場合には結核を疑う ・X線検査
MRSA（メチシリン耐性黄色ブドウ球菌）感染症	**接触感染**	・流水・石鹸での手洗い ・病院などの免疫力が低下している場所では感染者を隔離する（施設では不要のケースが多い）
疥癬	**接触感染**	・エプロン、手袋を着用する ・手洗いの徹底
インフルエンザ	**飛沫感染**	・ワクチン接種
敗血症	**尿路感染**	・血液培養による確定診断 ・抗生剤の投与
ノロウイルス	**接触感染・飛沫感染・空気感染・経口感染**	・処理する際には使い捨てのマスク、エプロン、手袋を使用する ・処理後には、**次亜塩素酸ナトリウム**でふき取る
腸管出血性大腸菌感染症	**接触感染**	・手洗い・手指消毒 ・患者の便で汚染された衣類や寝具は、**次亜塩素酸ナトリウム**などで消毒し洗濯する
流行性耳下腺炎	**飛沫感染**	ワクチン接種

ノロウイルスに対して、**アルコール**消毒の効果は薄い。**次亜塩素酸ナトリウム**による消毒が効果的である。また、下痢の症状がなくなっても、1週間程度は便等からノロウイルスが排出され感染力があるので注意。

通常の疥癬は隔離の必要はありませんが、感染力の強いノルウェー疥癬は隔離が必要です。

予防接種

- 高齢者に接種が推奨されるワクチンには、**インフルエンザワクチン**と**肺炎球菌ワクチン**がある。

（高齢者の定期接種）

インフルエンザワクチン	**毎年**接種
肺炎球菌ワクチン	定期接種は **1** 回のみ

⚠ 高齢者を対象とするインフルエンザワクチンと肺炎球菌ワクチンは、**定期接種**の対象である。

標準予防策

- 標準予防策（スタンダード・プリコーション）は、**感染症の有無**にかかわらず、すべての人を対象とする。
- あらゆる人の血液、体液、分泌物、排泄物、創傷のある皮膚、粘膜には**感染性**があると考えて取り扱う。
- 手指の消毒方法として、流水、石けん、アルコール製剤によるものがある。

⚠ 手袋を使用した後は、**手袋を廃棄**したうえで、**手指の消毒**を行う。

プラス＋α アルファ

- 疥癬は直接肌が触れることで感染するほか、衣類や寝具を通して**間接的**にも感染するため、集団感染のリスクがある。
- ノロウイルス感染は、汚染された食品による**経口**感染、汚染された物に触れて感染する**接触**感染、汚物処理などにより感染する**飛沫**感染など感染経路が広い。

出題実績
26 25 24 23 再
でる確率 70 %

19 認知症
認知症の種類

ココがポイント

認知症とは、一般的に慢性あるいは進行性の**脳の器質的障害による疾患**によって生じ、記憶力、見当識、思考力、判断力などが低下するものをいいます。ほぼ毎年出題されている頻出項目であり、それぞれの**症状や治療法**について問われています。

認知症の概要

認知症の種類	原因	症状・治療
アルツハイマー型認知症	脳へのβたんぱくの異常蓄積	・認知機能の障害に加えて**人格変化**や随伴精神症を伴う ・症状の進行は比較的緩慢 ・治療には、塩酸ドネペジルが使用されているが根治的治療は困難
血管性認知症	**脳血管障害**	・**まだら認知症** ・**情動失禁**
レビー小体型認知症	脳にレビー小体が異常沈着	・**パーキンソン症状** ・幻視 ・運動機能障害 ・**便秘**や**立ちくらみ**などの自律神経症状 ・**転倒**
前頭側頭型認知症	前頭葉や側頭葉の萎縮	・**人格障害** ・反社会的行動 ・同じ行動を繰り返す**常同行動**
若年性認知症	原因疾患は問わない	・**65**歳未満で発症 ・比較的進行が早い ・**前頭側頭型**の割合が高い

⚠ アルツハイマー型認知症の治療方法には、**心理療法**として回想法や**リアリティ・オリエンテーション**（現実見当識訓練）が行われている。

治療可能な認知症

- 早期発見により、改善が望める認知症原因疾患には、**正常圧水頭症**や**慢性硬膜下血腫**などがある。

（改善が望める認知症原因疾患）

原因疾患	治療方法
正常圧水頭症	**シャント手術**などによって改善が望める
慢性硬膜下血腫	**血腫**を手術によって除去することで改善が望める

正常圧水頭症では、脳の周囲や脳室内に**脳脊髄液が貯留**することで、**認知機能**が低下する。

認知症と区別する必要がある症状

（せん妄と認知症）

せん妄	認知症
意識障害	**認知**障害

せん妄は、意識の障害なので、意識障害を引き起こす原因・誘因を取り除けば消失します！

プラスα

- 認知症の初期では、IADLの低下がみられるが、**ADL**は比較的維持されることが多い。
- MCI（軽度認知障害）は、**正常**と**認知症**との中間の状態をいう。MCIの人が正常な状態に戻ることもある。
- **正常圧水頭症**には、余分な脳脊髄液を腹腔に流すシャント手術が有効である。
- 塩酸ドネペジルなどのアルツハイマー型認知症の治療薬は、易怒性などの興奮性のBPSD（行動・心理症状）を**悪化**させる可能性がある。

出題実績 26 25 24 23 再

でる確率 70 %

20 認知症

認知症の症状

ココがポイント

認知症の症状には、脳の病変から直接発生する**中核症状**と、さまざまな要因が複雑にからみあって発生する**BPSD（行動・心理症状）**があります。家族介護者の大きな負担となるBPSDについて、その**原因や対応**が理解できているかなどが問われています。

認知症の中核症状とBPSD

- 認知症の症状は、**中核症状**と**BPSD**（行動・心理症状）に大別できる。
- 中核症状は、**脳**が障害されることにより必ず出現する症状である。
- BPSDを起こしやすい要因としては、**孤立**や**不安**、不適切な生活習慣・住環境、不適切な薬物の使用、**身体的不調**などがある。

BPSD	行動症状	徘徊、暴言・暴力、焦燥、収集、性的脱抑制など
	心理症状	幻覚、不安、抑うつ、誤認、妄想など

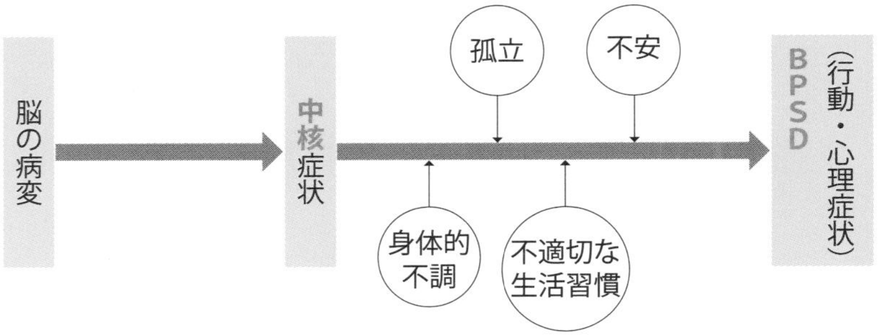

BPSDの治療は、薬物療法は必要最小限で、**非薬物療法**（回想法や音楽療法など）を優先する。

BPSDは、中核症状と違って必ず出現する認知症症状ではありません。また、適切なケアや環境整備等により改善する可能性が大きいものです。

認知症の診断

（質問式の評価）

改訂**長谷川式認知症スケール**（HDS-R）	20点以下で認知症を疑う
MMSE（Mini-Mental State Examination）	23点以下で認知症を疑う

＋

（画像診断）

MRIやCTなど

＋

（機能画像診断）

脳血流SPECTなど

＋

（身体検査）

血液検査や尿検査など

HDS-R、MMSEとも30点満点で評価します。いずれも所要時間は10分程度です。

アルツハイマー型認知症の薬物治療

薬品名	注意点
ドネペジル	易怒性などの**興奮性**のBPSDを悪化させる場合がある
ガランタミン	
リバスチグミン	
メマンチン	意欲や自発性等の低下（**アパシー**）を起こす場合がある

ドネペジル・ガランタミン・リバスチグミンは「意欲を高める薬剤」、メマンチンは「気持ちを落ち着かせる薬剤」と大別することができます。

出題実績
26 25 24 23 再
連続出題中
でる確率 99 %

認知症

21 認知症ケアと認知症対策

ココがポイント

認知症ケアについては、第 25 回、第 23 回で**パーソン・センタード・ケア**について問われました。ユマニチュードなども含めて、そろそろまた出題される可能性があります。認知症対策では、**認知症初期集中支援チーム**の出題が目立ちます。

パーソン・センタード・ケア（PCC）

- 認知症のある人を個人として尊重し、その人の立場に立って考え、**その人らしさ**を支えながらケアを行おうとする考え方である。
- 認知症のある人の行動は、脳病変だけでなく、さまざまな要因との**相互作用**で生じると考え、5 つのアプローチを求めている。

（パーソン・センタード・ケアの 5 つのアプローチ）

①脳病変に関する認知障害
②健康状態や感覚機能
③個人史（生活歴）
④**性格**
⑤**社会心理学**

介護者からの一方的なケアではなく、認知症になった人の気持ちを考えたケアです。

（パーソン・センタード・ケアと通じる介護技法）

ユマニチュード	「見る」「話す」「触れる」「立つ」という 4 つの柱を基本として、知覚や感情などによる**包括的コミュニケーション**に基づいたケア技法
バリデーション	認知症の人とのコミュニケーション技法であり、BPSD にも意味があると捉えるといった特徴がある

認知症の人を支援する専門職

（認知症初期集中支援チーム）

構成員	・医療の専門職（医師、看護師など医療保健福祉に関する国家資格を有する者） ・介護の専門職（介護支援専門員等またはこれに準ずる者でかつ、認知症の専門的知識等を有すると市町村が認めたもの） ・上記の医療・介護の専門職２人以上 ・専門医１人 計３人以上
主な役割	認知症が疑われる人や認知症の人の家族を訪問し、必要な医療や介護の導入・調整などの**初期の支援**を包括的・集中的に行う
配置	市町村、**地域包括支援センター**、認知症疾患医療センター等

（若年性認知症支援コーディネーター）

主な役割	・**相談窓口**（若年性認知症やその家族等に対する相談支援、専門医療へのアクセス、情報提供など） ・行政や関係機関との**連携体制**の構築 ・**正しい知識**の普及・啓発（研修会やセミナーの開催など）
配置	**都道府県**

認知症初期集中支援チームの「初期」とは、**認知症発症**の初期だけでなく、**かかわり**の初期も含まれる。つまり、認知症を発症してからしばらく経った者でも、対象になる。

プラス＋α アルファ

- 認知症施策推進大綱において、「共生」とは、認知症の人が**尊厳と希望**をもって認知症とともに生きること、「予防」とは、認知症になるのを**遅らせる**ことを意味する。
- 認知症ケアパスとは、認知症の人に対し、状態に応じた適切なサービスを提供するため、**介護保険サービス**、**医療機関**、インフォーマルサービスなどの連携や流れを示したものである。
- 認知症初期集中支援チームは、**在宅**の認知症患者または認知症が疑われる人を対象に、**アセスメント**、**家族支援**などの初期の支援を包括的・集中的に行う。

出題実績
26 25 24 23 再
でる確率 90 %

22 居宅サービス 訪問看護

ココがポイント

介護保険法における訪問看護は、**医師の指示のもと**、看護師等が要介護者の居宅を訪問して療養上の世話または診療の補助をするサービスです。介護報酬のほか、**主治の医師との関係**や**介護保険と医療保険の保険区分**に関する出題が多くみられます。

訪問看護の概要

- **医師**の指示のもと、訪問看護師によるバイタルサインの測定や薬剤管理を行う。
- 看護師は、**緊急時**の対応として、臨時応急の手当ができる。
- 訪問看護師のほか、保健師、**理学療法士**、**作業療法士**、**言語聴覚士**によるサービス提供も行われる。

⚠ 管理者は**保健師**または**看護師**であり、**専従かつ常勤の者**とされている。ただし、管理上支障のない場合は、他の職務や同一敷地内にある他の事業所との**兼務が可能**である。

医療保険と介護保険の保険区分

- 訪問看護は原則として**介護保険の給付が優先**するが、例外として**医療保険**の給付の対象となるケースもある。

訪問看護
- 原則 ― **介護保険**の訪問看護
- 例外 ― **医療保険**の訪問看護
  - 急性増悪時
  - 末期悪性腫瘍やその他厚生労働大臣が定める疾病の患者
  - 精神科訪問看護

⚠ 介護保険優先の原則と、**3つの例外**は頻出項目。例外は、**急性増悪時**、**末期悪性腫瘍**、**精神科訪問看護**と覚えよう。

主治の医師との関係と訪問看護計画書

- 訪問看護は、**医師の指示**によりサービス提供が開始される。

主治の医師との関係	・訪問看護事業者は、訪問看護の提供開始の際に、主治の医師による**指示**を文書で受けなければならない。 ・訪問看護事業者は、主治の医師に訪問看護計画書及び**訪問看護報告書**を提出しなければならない。

⚠ 訪問看護の提供開始の際には、**主治医から訪問看護指示書の交付**を受けなければならない（有効期間：**6 か月間**）。なお、急性増悪のときは、**特別訪問看護指示書**が主治医から交付される（有効期間：**14 日間**）。**有効期間**も覚えておこう。

主な加算

緊急時訪問看護加算	利用者や家族が 24 時間連絡できる体制をとっており、かつ、緊急時訪問を必要に応じて行う体制をとっている場合
ターミナルケア加算	**死亡日**及び**死亡日前 14 日**以内に **2** 日以上ターミナルケアを行った場合など
特別管理加算（Ⅰ）（Ⅱ）	悪性腫瘍や気管切開、血液透析など特別な管理を必要とする利用者に計画的な管理を行った場合
看護体制強化加算（Ⅰ）（Ⅱ）	**緊急時訪問看護**加算、**特別管理**加算、**ターミナルケア**加算のそれぞれで一定の要件を満たした場合
長時間訪問看護加算	特別管理加算の対象者に **90** 分以上の訪問を行った場合

（訪問看護と同時に算定できないサービス）

短期入所生活介護、短期入所療養介護、特定施設入居者生活介護、定期巡回・随時対応型訪問介護看護、認知症対応型共同生活介護、地域密着型特定施設入居者生活介護、地域密着型介護老人福祉施設入所者生活介護、看護小規模多機能型居宅介護

プラス＋α アルファ

- 訪問看護事業所には、**指定訪問看護ステーション**と、病院または診療所から訪問看護を提供する**指定訪問看護事業所**の 2 種類がある。
- 急性増悪時に主治医から**特別訪問看護指示書**が交付された場合は、指示の日から **14** 日間は、医療保険からの給付となる。

23 居宅サービス 通所リハビリテーション

出題実績
26 25 24 23 再
でる確率 80 %

ココがポイント
通所リハビリテーションは、**病院等に通所してもらい**、可能な限り居宅で能力に応じ自立した日常生活を営むことができるように、利用者の**心身機能の維持回復**を図るサービスです。**医師**の配置と通所リハビリテーション計画の作成者は頻出です。

事業所の種類と配置される専門職

- 要介護者を**病院**、診療所、**介護老人保健施設**、**介護医療院**に通わせ、**理学療法士**、**作業療法士**、**言語聴覚士**が、必要なリハビリテーションを行う。
- 配置される医師は**常勤**でなければならない。

（配置される専門職）

従事者	配置基準
医師	専任の**常勤**医師が 1 人以上
従事者 （理学療法士、作業療法士もしくは言語聴覚士または看護職員もしくは介護職員）	単位ごとに利用者 **10** 人に 1 人以上 （利用者 10 名以下の場合は 1 人以上）
理学療法士、作業療法士、言語聴覚士	上記の内数として、単位ごとに利用者 **100** 人に 1 人以上

サービスの内容

（通所リハビリテーションのサービス）

①**身体機能**の維持・回復
②**認知症**症状の軽減と落ち着きある日常生活の回復
③ **ADL**・IADL の維持・回復
④コミュニケーション能力または社会関係能力の維持・回復
⑤**社会交流機会**の増加

訪問リハでは、主に自宅内での動作や家族の介助方法の指導等を行うのに対し、通所リハでは、一般的な動作・歩行練習などに取り組みます。

> ⚠ 通所リハビリテーションは、**訪問看護等と同様、医療系サービス**である。そのため、サービスの利用にあたっては、主治の医師等の**指示**が必ず必要である。

通所リハビリテーション計画

- サービスの提供にあたり、次の条件に沿って計画を作成する。

①**医師**の指示のもとに行われること
②各職種が**共同**して作成すること
③**居宅サービス計画**の内容に沿って作成されること
④実施状況及び評価を**診療記録**に記載すること
⑤利用者または家族に説明し同意を得ること

訪問リハビリテーションは人員の配置基準がないので、②の各職種が共同して、という規定はありません。

主な加算

リハビリテーションマネジメント加算	SPDCAのサイクルを通じて、**多職種**が協働してリハビリテーションの質の管理をした場合
短期集中個別リハビリテーション実施加算	退院・退所日または初回認定日から起算して3か月以内に、短期に集中的にサービスを提供した場合
移行支援加算	ADLやIADLが向上することにより、家庭内での家事や社会への参加ができるようになり、他のサービスに移行できた場合など
延長加算	通算して8時間以上のサービス提供となった場合

プラス ＋ α アルファ

- 若年性認知症患者も通所リハビリテーションの対象と**なる**。
- 通所リハビリテーションの事業者は、**病院**、**診療所**、**介護老人保健施設**、**介護医療院**に限られる。

出題実績

26 25 24 23 再

でる確率 90 %

100 50 0

24 居宅サービス 短期入所療養介護

ココがポイント

短期入所療養介護は、病院や診療所、介護老人保健施設、介護医療院等に**短期間入所**して、医療上の世話を含む介護を受けるサービスです。試験では、**介護報酬**の細かい点や**短期入所療養介護計画の策定要件**などが問われています。

短期入所療養介護の概要

- 事業所は、**介護老人保健施設**、**介護医療院**、療養病床のある病院・診療所、介護療養型医療施設などである。
- 短期入所療養介護サービスは、**やむを得ない理由があっても 30** 日以上連続して利用することはできない。
- 人員基準は、サービス提供施設が**それぞれの施設としての基準**を満たしていればよい。

⚠ 短期入所療養介護計画は、医師の診療方針に基づき、居宅サービス計画に沿って、**事業所の管理者**が作成する。

日帰りの利用も可能です。

短期入所療養介護計画

利用期間がおおむね 4 日以上

↓

短期入所療養介護計画を作成

- 利用期間がおおむね **4** 日以上になる場合は、**短期入所療養介護計画**を作成しなければならない。
- 短期入所療養介護計画は、**事業所の管理者**が作成する。

主な加算

個別リハビリテーション実施加算	多職種が協働して利用者ごとの**個別リハビリテーション計画**を作成し、その計画に基づき個別リハビリテーションを行った場合
送迎加算	送迎が必要と認められた利用者に対して送迎を行った場合
認知症専門ケア加算	日常生活に支障をきたす恐れのある症状や行動が認められる認知症の利用者の占める割合が２分の１以上で、認知症介護にかかる専門的な研修修了者等を配置して認知症の専門ケアを行った場合など
緊急短期入所受入加算	居宅サービス計画において計画していなかった緊急の利用を受け入れた場合。利用開始日から **7** 日間（やむを得ない事情がある場合は **14** 日間）を限度として算定
重度療養管理加算	要介護 **4** または **5** で頻回の喀痰吸引を実施している等の重度の利用者に、計画的な医学管理と療養上必要な処置を行った場合

⚠ 連続して短期入所療養介護を利用する場合、介護報酬の算定対象は **30** 日までであり、**30** 日を超えた分は**自己負担**となる。

短期入所療養介護の内容として、急変時の対応やターミナルケアもあります。

プラス ＋ α アルファ

- 療養型以外の介護老人保健施設が提供する短期入所療養介護は、サービスの実施状況に応じて、**在宅強化型**、**基本型**、その他の３種類がある。
- 短期入所療養介護は、利用者の療養生活の質の向上と利用者の家族の身体的及び精神的な負担の**軽減**を目的とする。
- 検査、投薬、注射、処置等は、**利用者の病状**に照らして妥当適切に行わなければならない。
- **特定短期入所療養介護**とは、難病やがん末期であり、医療ニーズと介護ニーズを有する要介護者などを対象にした日帰りサービスである。

出題実績

26 25 24 23 再

でる確率 80 %

25 地域密着型サービス 看護小規模多機能型居宅介護

ココがポイント

看護小規模多機能型居宅介護は、**介護と看護の一体的なサービス**を提供するためにつくられたサービスです。サービスの概要や**人員基準**などが問われています。**介護計画**や**報告書**、**主治の医師の指示書**についても頻出ですのでおさえておきましょう。

サービスの概要

- 看護小規模多機能型居宅介護は、**訪問看護**と**小規模多機能型居宅介護**を組み合わせたサービスである。
- 療養上の管理のもと、医療ニーズの高い**居宅要介護者**に対して、**通い**、**訪問**、**宿泊**のサービスを柔軟に組み合わせたサービスを提供する。

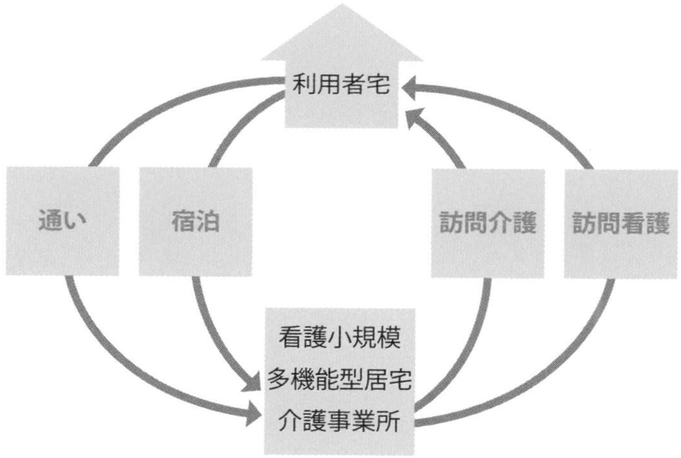

2023年の法改正で、複合型サービスの一類型として法律上に位置付けるとともに、そのサービス内容について、サービス拠点での「通い」「宿泊」における看護サービスが含まれる旨が明確化されました。

⚠ 看護小規模多機能型居宅介護を利用している間は、**訪問リハビリテーション費**と**居宅療養管理指導費**、**福祉用具貸与・販売費**を除く居宅サービスの費用は算定することができない。

人員基準

職種	資格要件
看護小規模多機能型居宅介護サービス従業者	・日中（通い）：常勤換算で利用者 **3** 人に対して 1 人以上（1 人以上は看護職員） ・日中（訪問）：常勤換算で **2** 人以上（1 人以上は看護職員） ・夜勤：時間帯を通じて 1 人以上 ・宿直：必要な数以上 看護職員（保健師、看護師、准看護師）は常勤換算で **2.5** 人以上（1 人以上は常勤の**看護師**または**保健師**）を配置
介護支援専門員	**1** 人以上 兼務・非常勤可
管理者	専従・常勤 事業所等で **3** 年以上認知症ケアに従事した経験があり、厚生労働大臣が定める**研修修了者**または**保健師**か**看護師**

管理者の資格要件は頻出！　介護支援専門員を配置しなければならないこともおさえておきましょう。

看護小規模多機能型居宅介護計画・報告書

担当者	作成書類
介護支援専門員	居宅サービス計画・看護小規模多機能型居宅介護**計画**
看護師等	看護小規模多機能型居宅介護**報告書**

プラス＋α アルファ

- 事業所の登録定員は、**29** 人以下である。サテライト型の場合は **18** 人以下である。
- 開設にあたっては、**市町村長**に対して事業所の指定申請を行う。
- サービスの提供開始には、主治医の**指示書**が必要である。

出題実績
26 25 24 23 再
連続出題中
でる確率 99 %

26 介護保険施設サービス
介護老人保健施設

ココがポイント

介護老人保健施設は、施設サービス計画に基づいて、入所者がその能力に応じ自立した日常生活を営むことができるようにするとともに、**居宅復帰**を目指す施設です。**加算**に関する出題が目立つほか、**施設形態**などについても問われています。

介護老人保健施設の役割

- 介護老人保健施設は、在宅復帰を目指す施設として、**施設介護**サービスと**居宅支援**サービスの両方を提供する。
- 在宅復帰を目的としているため、**長期**の入居は想定されていない。

（介護老人保健施設の役割）

①包括ケアサービス施設	医療と福祉のサービスを統合する
②**リハビリテーション**施設	生活機能の向上を目的に集中的な維持期リハビリテーションを行う
③**在宅復帰**施設	多職種から成るチームケアで早期の在宅復帰に努める
④在宅生活支援施設	家庭での生活（ケア）が少しでも継続できるように、高齢者及びその家族を支える
⑤地域に根差した施設	家庭介護者や地域のボランティアなどがケア技術を習得する

⚠ 介護老人保健施設は、在宅復帰を目指す施設であるが、**看取りを含む****ターミナルケア**も実施している。

介護老人保健施設は、地域住民やボランティアなどと積極的に交流しなければなりません。

人員基準

医師	入所者 **100** 人に対し常勤換算で 1 人以上
薬剤師	実情に応じた適当数
看護・介護職員	入所者 **3** 人に対し常勤換算で 1 人以上 （看護職員の人数は、総数の 2/7 程度）
支援相談員	入所者 **100** 人に対し常勤換算で 1 人以上
理学療法士・作業療法士・言語聴覚士	入所者 100 人に対し常勤換算で 1 人以上
栄養士または管理栄養士	入所者 100 人に対し 1 人以上
介護支援専門員	**1** 人以上で、入所者が 100 人またはその端数を増すごとに 1 人を増員（兼務も可能）

介護老人保健施設の**管理者**は、原則として都道府県知事の承認を受けた**医師**でなければならない。

小規模介護老人保健施設の類型

- 介護老人保健施設は、基本型の施設のほかに、療養病床を介護老人保健施設に転換した**介護療養型老人保健施設**や家庭的な環境を提供する**ユニット型介護老人保健施設**がある。
- そのほか、次のような小規模施設もある。

（小規模介護老人保健施設の類型）

類型	特徴
サテライト型小規模介護老人保健施設	本体施設と密接に連携しながら、別の場所で運営される施設。定員は **29** 人以下
医療機関併設型小規模介護老人保健施設	介護医療院または病院・診療所に併設された施設。定員は **29** 人以下
分館型介護老人保健施設	介護老人保健施設と一体となって運営される施設。過疎地域自立促進特別措置法に規定される地域など、施設を設置することに困難が多い地域のみに認められている

ユニット型は、施設全体を少数の個室とそれに近接する共同生活室を備えたユニットに分け、ユニットごとの定員は、おおむね **10** 人以下とされる。

主な加算

初期加算	入所日から**30**日以内に加算できる
ターミナルケア加算	入所者・家族等の同意を得て、ターミナルケアに係る計画を作成しており、計画的にターミナルケアを行っている場合。死亡日以前**45**日前から加算できる
若年性認知症入所者受入加算	若年性認知症の入所者を受け入れてケアを行った場合
退所時等支援等加算	入所期間が1か月を超える入所者を居宅で試行的に退所させる場合において、入所者・家族等に対して退所後の療養上の指導を行った場合など
在宅復帰・在宅療養支援機能加算	**在宅復帰**率、ベッド回転率、退所後状況確認などが一定の基準に適合している場合
栄養マネジメント強化加算	**管理栄養士**を一定数以上配置し、低栄養状態またはそのおそれがある入所者に対して多職種が共同して作成した栄養ケア計画に従って栄養管理をするための食事の観察を週3回以上行い食事の調整等を行った場合など
認知症情報提供加算	認知症のおそれがあると医師が診断し、施設内での診断が困難な入所者を、本人と家族の同意を得て、厚生労働大臣が定める機関に紹介した場合。**1**回を限度として算定できる
リハビリテーションマネジメント計画書情報加算	入所者のリハビリテーション実施計画書に関する情報を厚生労働省に提出し、計画の内容の見直し等、リハビリテーションの実施にあたり当該情報を活用した場合
経口維持加算（Ⅰ）（Ⅱ）	摂食機能障害のある入所者に、医師または歯科医師の指示に基づき、多職種が共同してケアを行い、入所者ごとの**経口維持計画**を作成している場合など

口腔衛生管理の強化のため、2021年の改定で口腔衛生管理体制加算は廃止され、基本報酬に組み込まれました。

27

介護保険施設サービス

介護医療院

出題実績

26 25 24 23 再

でる確率 90 %

100 50 0

ココがポイント

介護医療院は、**医療ニーズの高い重度の要介護者**に対して、生活の場を提供するとともに日常的な療養上の管理、看護・介護などのサービスを提供する施設です。今後は、他の介護保険施設同様、**加算などの細かいところが問われる可能性が高い**です。

介護医療院の基本指針

①**長期療養が必要な者**に対し、施設サービス計画に基づいて、療養上の管理、看護、医学的管理の下における**介護**及び機能訓練その他必要な**医療**ならびに日常生活上の**世話**を行うことにより、その者が有する能力に応じ自立した日常生活を営むことができるようにする
②入所者の意思及び人格を尊重し、**常に入所者の立場に立って**サービスの提供に努めなければならない
③明るく**家庭的**な雰囲気を有し、地域や家庭との結び付きを重視した運営を行い、市町村や居宅介護支援事業者、居宅サービス事業者、他の介護保険施設その他の保健医療サービスまたは福祉サービスを提供する者との密接な**連携に努めなければならない**

介護医療院の利用対象者

- 介護医療院の利用対象者は「主として長期にわたり療養が必要である**要介護者**」と定められている。

（療養床の類型）

Ⅰ型療養病床	重篤な身体疾患を有する者、身体合併症を有する認知症高齢者等を対象
Ⅱ型療養病床	Ⅰ型以外の者であって、病状が比較的安定している者を対象

介護医療院の利用者は、介護老人保健施設と同様、**要介護者**が対象となっている。**介護老人福祉施設の利用者条件「要介護3以上」と混同しないように**する。

介護医療院の類型別特徴

類型	Ⅰ型	Ⅱ型
特徴	療養機能強化型 ・24時間の看取り・ターミナルケア ・高い介護ニーズに対応	介護老人保健施設相当 ・オンコール体制による看取り・ターミナルケア ・多様な介護ニーズに対応
機能	要介護者に対し、「長期療養のための医療」と「日常生活上の世話」を一体的に提供（介護保険法上の介護保険施設だが、医療法上は医療提供施設として法的に位置付け）	
設置主体	地方公共団体、医療法人、社会福祉法人などの非営利法人等	

療養室の定員は、ユニット型を除き、4人以下と定められています。

介護医療院の人員基準

類型	Ⅰ型	Ⅱ型
医師	48：1（施設で3以上）	100：1（施設で1以上）
薬剤師	150：1	300：1
看護職員	6：1	6：1
介護職員	5：1	6：1
理学療法士、作業療法士、言語聴覚士	実情に応じた適当数	
栄養士または管理栄養士	定員100以上で1人以上	
介護支援専門員	100：1（1名以上）	
診療放射線技師	実情に応じた適当数	
調理員、事務員、その他従業者	実情に応じた適当数	

医療機関併設型の類型

- 介護医療院は、単独型の施設のほかに、家庭的な環境を提供する**ユニット型介護医療院**がある。
- そのほか、次のような医療機関併設型の施設もある。

（医療機関併設型の類型）

類型	特徴
医療機関併設型介護医療院	病院または診療所に併設され、入所者の療養生活の支援を目的とする
併設型小規模介護医療院	医療機関併設型介護医療院のうち、当該介護医療院の入所定員が **19** 人以下のもの

介護報酬

- 要介護度などによって**異なり**、**1** 日単位で算定する。

（主な加算・減算）

夜間勤務等看護加算	夜勤を行う看護職員等を基準より手厚く配置している場合
重度認知症疾患療養体制加算	看護職員の配置割合、**精神保健福祉士**等の配置、重度認知症入所者の割合、近隣の**精神科病院**との連携などの要件を満たした場合
療養環境減算	療養室に隣接する廊下の幅や療養室の床面積が基準に満たない場合
安全管理体制未実施減算	運営基準における事故発生・再発の防止のための措置が講じられていない場合

介護医療院は、「医療の必要な要介護者の長期療養・生活施設」として生まれました。

プラスα アルファ

- 開設の許可は**都道府県知事**が行う。
- 介護医療院の開設者は、**都道府県知事**の承認を受け、**医師**以外の者を管理者にすることができる。

ささっと復習！

認知症の特徴

（アルツハイマー型認知症と脳血管性認知症の比較）

	アルツハイマー型認知症	脳血管性認知症
発病年齢	70 歳以上に好発	50 歳以降、加齢とともに増加
性別	女性に多い	男性に多い
病因	原因不明の脳の萎縮	脳出血・脳梗塞による脳の神経細胞・組織の障害
人格	早期より崩れ始める	比較的よく保たれる
感情	平板化、上機嫌	易変性、情動失禁
特徴	精神機能全般にわたる認知症 （知能の低下、記憶障害、見当識障害、失行・失認、さまざまな BPSD など）	まだら認知症 （記憶障害、見当識障害、感情失禁（情動失禁）、せん妄など）

（認知症の主な症状）

症状	主な例
記憶障害	経験自体を忘れる悪性健忘
認知機能障害	計算力、思考力、言語などさまざまな認知機能の障害
見当識障害	時間、場所、人物などの健忘
理解力、判断力の低下	正しい選択ができない、新しい出来事に対処できない
失行	運動機能障害がないにもかかわらず日常的な動作（服を着る、箸を使って食事をするなど）ができない
失認	自分の身体の状態や、目の前の物を認識できない
性格変化	それまでの性格の特徴が際立つ、またはその逆にそれまでの性格と異なる性格が現れる

（認知症の主な BPSD）

症状	状態	対応方法の例
抑うつ状態	自発性の低下	老年期うつ病と混同しやすいため、医療関係者に相談する
徘徊	家の内外を目的なく歩き回る、または目的がわからなくなりさ迷い歩く	・むやみに止めない ・外出時に付き添う ・徘徊感知器を持たせる
幻視・幻聴	ないものが見える（幻視）、ない声・音が聞こえる（幻聴）	・否定しない ・本人の話を聞く
妄想	実際にはないことを信じ込む（物盗られ妄想、嫉妬妄想など）	・否定しない ・本人の話を聞く

Part 3

福祉サービスの知識等

項目	出題実績				
1 面接・相談援助技術	26	25	24	23	再
2 ソーシャルワークの概要	26	25	24	23	再
3 訪問入浴介護	26	25	24	23	再
4 訪問介護	26	25	24	23	再
5 通所介護	26	25	24	23	再
6 短期入所生活介護	26	25	24	23	再
7 福祉用具	26	25	24	23	再
8 住宅改修	26	25	24	23	再
9 小規模多機能型居宅介護	26	25	24	23	再
10 認知症対応型共同生活介護	26	25	24	23	再
11 認知症対応型通所介護	26	25	24	23	再
12 介護老人福祉施設	26	25	24	23	再
13 成年後見制度	26	25	24	23	再
14 生活保護制度	26	25	24	23	再
15 高齢者虐待	26	25	24	23	再
16 障害者福祉制度	26	25	24	23	再

1

ソーシャルワーク

面接・相談援助技術

出題実績

26 25 24 23 再

連続出題中

でる確率 99 %

100 50 0

ココがポイント

面接・相談は、援助者とクライエントの相互のコミュニケーションによって成り立ち、援助者には、その知識や技術が求められます。試験では、**原則やコミュニケーション技術**、**インテーク面接の流れ**が理解できているかなどが問われています。

バイステックの7原則

- 面接・相談援助技術の実践原則として、バイステックの7原則がある。

個別化の原則	クライエントを**個別の存在としてとらえる**
意図的な**感情表出**の原則	クライエントの**感情表出の機会を大切**にする
統制された**情緒的関与**の原則	援助者は自分の感情を**自覚してコントロール**する
受容の原則	クライエントの**全人間像の受容**
非審判的態度の原則	時と場を超えてクライエントに対する**非審判的態度**
自己決定の原則	クライエントの**自己決定の最大限の尊重**
秘密保持	面接の秘密を厳守

⚠ 自立には、**自己決定の力**をつけることが欠かせない。援助者は、クライエントの**自己決定能力を発揮**できるように支援する。

ソーシャルワーク専門職の価値観

- レヴィは、ソーシャルワーク専門職の価値観を次の4つに分類している。

社会的価値	人権の保障、人間の尊厳、個人のプライバシー等
組織及び**機関**の価値	各組織や機関の役割や機能、目的に適した適切さ等
専門職としての価値	営利目的ではなく人間的サービスが焦点であること等
対人援助サービスの価値	バイステックの7原則とほぼ共通

コミュニケーション

- コミュニケーションの方法には、**言語的**コミュニケーションと**非言語的**コミュニケーションがある。
- コミュニケーション技法である**要約**は、応用的技法の一つで、クライエントの話をまとめて伝え返すことである。

（コミュニケーションの方法）

言語的コミュニケーション	言葉によるコミュニケーション
非言語的コミュニケーション	言葉以外のコミュニケーション。**表情や身振り、音声、目線、話す速さ**など

⚠ **言語的**コミュニケーションで伝わらない場合、**非言語的**コミュニケーションである**イラストや写真、文字盤**など、様々なコミュニケーション方法を利用する。

傾聴

傾聴の技術	**予備的共感**	面接前に得た情報からクライエントの立場等を予測し、**あらかじめクライエントへの共感的な理解**を準備しておく
	観察	面接において、**クライエントや家族の様子**、部屋の中の様子などを観察する
	波長合わせ	クライエントの反応に応じて、**援助者が姿勢や対応を軌道修正**していくこと

開かれた質問と閉じられた質問

質問の技術	**開かれた質問** （オープンクエスチョン）	「どう思いますか？」のように、クライエントが**自由に答えられる**質問
	閉じられた質問 （クローズドクエスチョン）	クライエントが**「はい」「いいえ」のどちらかで答えられる**質問

傾聴では、主に開かれた質問を用います。

アドボカシー

- **アドボカシー**とは、自己の権利を主張することが困難な人に代わって、援助者がその権利獲得を**代理**することをいう。

ケースアドボカシー	**個人**としてのクライエントの権利獲得を代理すること
クラスアドボカシー	特定のニーズをもっている**集団**の権利獲得を代理すること

スーパービジョン

- 事後評価には、**スーパービジョン**を受けることも含まれる。

（スーパービジョン）

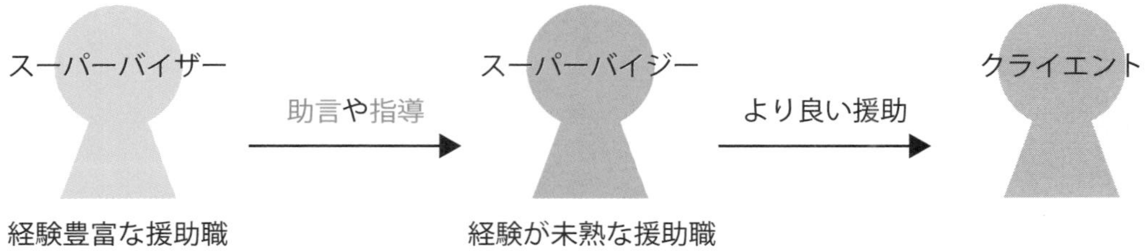

送致

- **送致**とは、クライエントが相談した機関では必要な援助ができないとき、他機関へ**紹介**することをいう。

送致は、クライエントが「拒否された」などと否定的に受け止めてしまう危険があるため、注意が必要です。

インテーク面接の技術

- インテーク面接とは、介護支援サービスの過程における利用者からの**依頼**、**アセスメント**、**サービス計画作成**までの過程にあたる。

（インテーク面接の流れ）

①導入と場面設定 → ②主訴の傾聴と情報交換 → ③問題の確認と援助目標の仮設定 → ④援助期間・方法などの**援助計画**の確認 → ⑤援助に関する**契約** → ⑥終結

問題の解決に向けて、一定の**見通し**が得られたことを確認する

（インテーク面接の留意点）

- インテーク面接は、必ずしも **1** 回の面接で終わらせるものではない。
- 援助者と利用者の間の信頼関係（**ラポール**）を築いていくことを意識した接し方を行う。
- 以下を**記録**する。
  ①インテーク面接の**経過**のまとめ
  ②援助者としての意見や緊急に対応すべき事柄、課題、他機関との連絡の必要性など

記録することの必要性を理解できているかは頻出です！

プラスα（アルファ）

- 問題の焦点を絞る技術には、**励まし**・**明確化**・**要約**の技術と、**情緒**の意味を考察して言葉にしてクライエントに返す技術がある。
- **非言語的コミュニケーション**は、表情やしぐさ、話す速さ、服装など、言語以外のもので行われるコミュニケーションをいう。
- 初期の面接であるインテーク面接は、今後の支援に向けた重要な面接であり、**記録**を残しておくことが重要である。

2 ソーシャルワーク
ソーシャルワークの概要

出題実績
26 25 24 23 再
連続出題中
でる確率 99 %
100 50 0

ココがポイント
代表的なソーシャルワークとして、**ミクロ、メゾ、マクロレベルのソーシャルワーク**があります。試験では、毎年２～３問出題されています。**グループワークの効果**や、それぞれの**ソーシャルワークの定義**が区別して理解できているかなどが問われています。

ソーシャルワークの種類

ミクロレベルのソーシャルワーク	個人や家族を対象とし、**個別**に援助する
メゾレベルのソーシャルワーク	**集団場面**や**集団関係**を対象とし、あるいは媒介にして援助する
マクロレベルのソーシャルワーク	**地域社会**や**組織**、**国家等**を対象とし、あるいは媒介にして援助する

メゾレベルのソーシャルワーク（集団援助）がもたらす効果

①ほかのメンバーの行動を**観察**する	自分の問題を**客観視**できる、**新しい見方**を獲得できる
②メンバーの中に**共通**な問題を発見する	自分だけの特別な問題という意識から抜け出せ、**孤立感**の解消につながる
③集団内での**役割交換**	自分自身を見直し、**自己像を変容**できる、**新たな自信**をもつことができる
④現実吟味と**社会的学習**機会	**生活全体を活性化**させ、新しい目標を発見、**新しい自己発見**などができる
⑤援助を他人と分かち合う体験	**仲間の力**の大きさを信頼し、援助者を独占する必要のないことを理解する

メゾレベルのソーシャルワークでは、それぞれが**多様な役割**をもつことで効果が高まるため、参加メンバーに**リーダー**役を務めてもらうことも重要。頻出ポイントである。

マクロレベルのソーシャルワークの主な機能

- 地域住民が**福祉サービスを積極的に利用**できるように、地域における**情報**の流れを円滑化する。
- 新たな福祉サービスの**開発**や、現行サービスの**改善**をする。
- **特定の新たな利用集団**へのサービスや資源の開発を行う。
- 利用者集団のための**権利擁護**を行う。
- よりよい福祉サービスの**制度化**に向けて、**制度・法律への働きかけ**を行う。

支援困難事例

- 支援困難事例は、**3つの発生要因**が重なることで発生する。

（支援困難事例の発生要因）

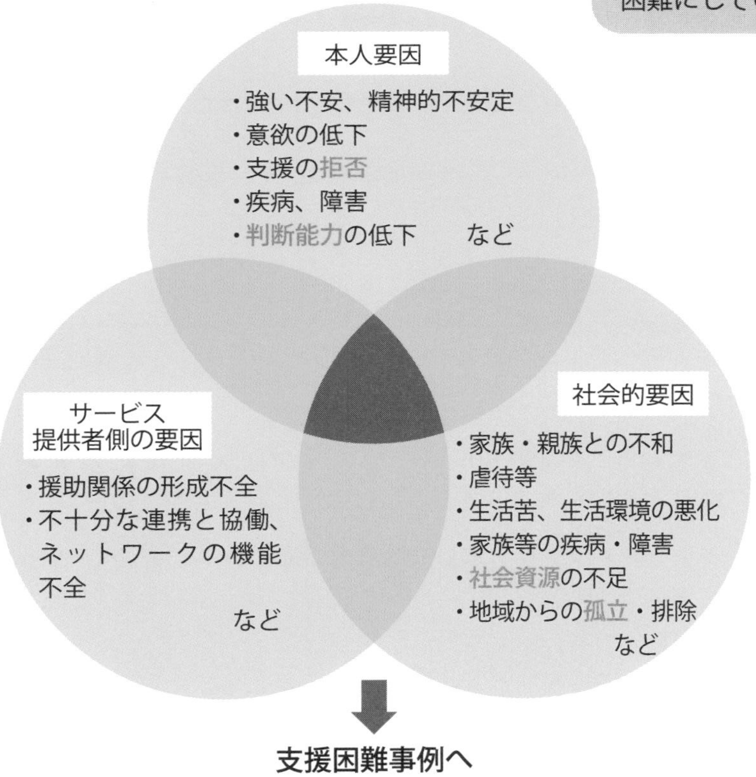

介護支援専門員をはじめとした支援者側の知識や技術、経験不足が、支援を困難にしていることがあります。

支援困難事例へのアプローチ

- 取り組みの主体を**本人**においた**利用者主体**で考える。
- 相手の感情や態度を**無条件**に受け入れ、置かれた状況や気持ちに**共感的理解**を示す。
- **正しい知識**や情報を提供し、偏見や誤解などを解くように心がける。
- 新しい**社会関係**を築けるように支援する。
- より深刻な事例に対応する場合は、**家族間の調整**や**強力な介入**が必要になるケースもある。

（アプローチの方法（例））

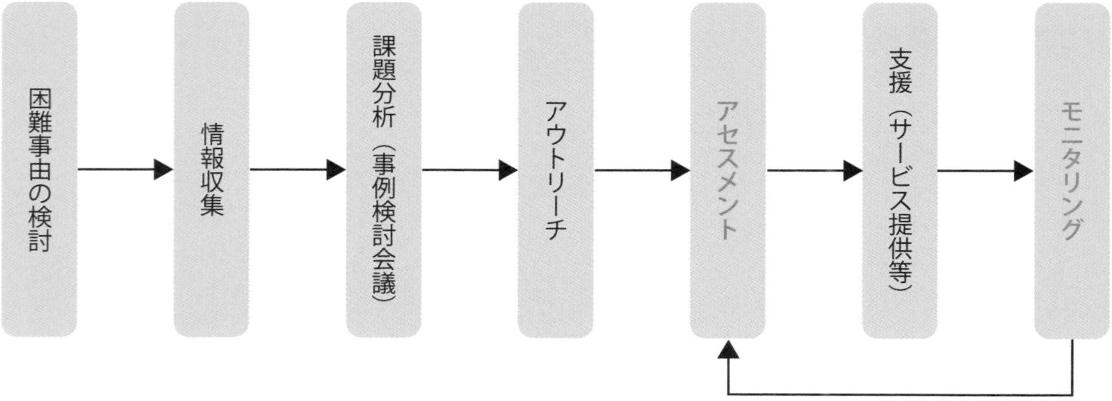

支援困難事例では、本人の人生観、生き方、価値観等について、**理解**を深め**信頼関係**を構築していくことが求められる。

プラス＋α アルファ

- 地域包括支援センターによる地域住民のための認知症サポーター養成講座は、**マクロレベル**のソーシャルワークに含まれる。
- 特別養護老人ホームの生活相談員による入所者に限定したグループ活動は、**メゾレベル**のソーシャルワークに含まれる。
- **マクロレベル**のソーシャルワークは、**社会福祉協議会**が中心的機能を担っている。同時に多くの**NPO**やNGOも多様に組織され、国の内外を問わずその活動を展開している。
- 支援困難事例とは、**本人**要因、**社会的**要因、サービス提供者側の要因が複合的に重なって発生する。

出題実績
26 25 24 23 再
連続出題中
でる確率 99 %

3 居宅サービス
訪問入浴介護

ココがポイント

訪問入浴介護は、浴槽を提供して行われる居宅での入浴サービスです。**サービスの目的から介護報酬まで幅広く**出題されていますが、難しい出題はなく、基本を理解しておけば解ける内容ばかりです。

訪問入浴介護の目的

①生活基盤の一つである入浴の**機会**を保障する
②身体の**清潔**保持を行う
③**生活機能**・**心身機能**を維持・向上させる
④精神的な安寧を保ち、活力を生む

訪問入浴介護は、浴槽の**提供**が特徴。原則、**自宅の浴槽等、利用者またはその家族が用意するものではない**ので、ひっかけ問題に注意。自宅の浴槽を使って行う入浴介助サービスは、訪問介護や訪問看護等で行う。

利用者

・**医療処置**を受けている利用者（気管切開創がある、膀胱留置カテーテルを使用しているなど）
・**終末期**にある利用者
・**感染症**に罹患している利用者
・病状が**不安定**
・**介護環境**に課題があり居宅の浴室での入浴が困難

上記の医療処置を受けている利用者なども、事前に主治医の十分な説明を受けて、**訪問入浴介護を利用できる**。試験でも狙われやすい。

サービス提供者

訪問入浴介護	介護予防訪問入浴介護
看護職員 **1** 人以上、介護職員 **2** 人以上 （うち **1** 人以上は常勤）	看護職員 **1** 人以上、介護職員 **1** 人以上 （うち **1** 人以上は常勤）
主治医の意見を確認したうえで、看護職員に代えて**介護職員 3** 人で行うことができる	主治医の意見を確認したうえで、看護職員に代えて**介護職員 2** 人で行うことができる

このほかに、管理者の配置が義務付けられていますが、管理者は常勤専従（支障がなければ兼務可）で、職種の規定はありません。

サービス提供の責任者

- **サービス提供者**のうち 1 人がサービス提供の責任者となる。
- サービス提供の責任者は、入浴介護に関する**知識**や**技術**を有する者でなければならない。

⚠ サービス提供の責任者は、サービス提供者の看護職員と介護職員のどちらでも可能。「介護職員でなければならない」といった決まりはないので注意する。

主な運営基準

- 利用者の選定による特別な**浴槽水**等の費用は、**別途徴収**できる。
- 浴槽等の直接身体に接触する器具等は、サービスの**提供ごと**に**洗浄・消毒**を行う。
- サービスの提供中に利用者に病状の急変が生じた場合等は、**速やかに主治医または協力医療機関への連絡を行う**などの措置を講じなければならない。

協力医療機関は、緊急時対応のために、事業の通常の実施地域内にあることが望ましいとされています。

介護報酬

（主な加算）

初回加算	200 単位／月
認知症ケア加算	（Ⅰ）3 単位／日、（Ⅱ）4 単位／日

（主な減算）

介護職員が **3** 人で行った場合	95/100
全身入浴が困難で**清拭**または部分浴を実施した場合	90/100
同一建物に居住する利用者に対してサービスを行った場合	90/100 または 85/100

（訪問入浴介護費と同時に算定できないサービス）

短期入所生活介護、**短期入所療養介護**、特定施設入居者生活介護、**小規模多機能型居宅介護**、認知症対応型共同生活介護、地域密着型特定施設入居者生活介護、地域密着型介護老人福祉施設入所者生活介護、看護小規模多機能型居宅介護

プラスα（アルファ）

- 訪問入浴介護費は、**入浴**、**部分浴・清拭**の 2 つに区分されている。
- 利用者の心身状況から全身入浴が困難な場合で、利用者の希望により清拭または部分浴を実施した場合は、訪問入浴介護費は**減算**される。
- 浴槽や器具その他の用品は、**サービス提供**ごとに消毒しなければならない。これは介護予防についても同様である。
- サービスの提供方法について理解しやすいように説明を行う。説明の内容には、**入浴方法**、**作業手順**、**入浴後の留意点**などがある。
- 事業所の**運営規程**に、あらかじめ通常の事業の**実施地域**を定める。
- 事業者は、**自ら**その提供するサービスの質の評価を行い、常にその改善を**図らなければならない**。

4

居宅サービス

訪問介護

出題実績

26 25 24 23 再

連続出題中

でる確率 99 %

100 50 0

ココがポイント

訪問介護は、ホームヘルプとも呼ばれ、訪問介護員等が居宅を訪問し、介護その他の生活全般にわたり援助します。試験では毎年出題されており、**身体介護と生活援助の内容が頻出**で、そのほか**介護報酬**や**サービス提供責任者**などが問われています。

訪問介護サービス

（訪問介護サービスの範囲）

身体介護	・排泄、食事、入浴等の介助 ・身体整容 ・体位変換 ・**糖尿食や流動食**など特段の**専門的配慮**をもって行う**調理** ・利用者ができない部分を支援しながら一緒に行う洗濯や掃除 ・ごみ出しのルールを理解してもらうために一緒に行うごみの分別 ・**服薬**介助 ・特別な医療的ケア（**喀痰吸引**、**経管栄養**）　など
生活援助	・掃除、洗濯、買い物など日常生活の援助 ・食事の用意・後片付け ・**ベッドメイク** ・衣類の整理、補修 ・**一般的な調理や配膳** ・薬の受け取り　など
通院等乗降介助	・移乗・移動介助、**通院・外出**介助

身体介護、生活援助にあたるのはどのようなサービスがあるのか、細かいところまで問われます。

- 生活上のことであっても、下記のような行為は介護サービスの**対象外**である。

（生活援助の範囲外）

日常的な家事の範囲を超えること	・家具の修繕 ・大掃除、窓のガラス磨き ・正月、節句等のために**特別な手間をかけて行う調理**　など
利用者の生活に直接必要のないこと	・飼い犬の散歩等**ペット**の世話 ・**草むしり**　など
利用者ではなく家族のために行うこと	・家族のための買い物 ・来客の応対　など

- 医療行為は介護サービスの対象外である。ただし、医療行為に該当しない下記にある**医療的行為**は**身体介護**で提供が可能である。

（医療行為に該当しないもの（身体介護で提供可能））

①体温測定	②**血圧測定**
③パルスオキシメーターの装着	④爪切り・爪やすりでのやすりがけ
⑤医薬品使用の介助（軟膏の塗布、湿布の貼付、点眼薬の点眼、**一包化された内用薬**の内服、**座薬**の挿入）	⑥軽微な切り傷、擦り傷、やけどなどで専門的な判断や技術を必要としない処置
⑦日常的な**口腔ケア**	⑧耳垢の除去
⑨ストマ装具の排泄物の除去	⑩**自己導尿補助**のためのカテーテル準備や体位の保持

身体介護として行うことができる医療行為と医療行為に該当しない行為は頻出。しっかりおさえておきましょう。

介護支援専門員は、居宅サービス計画に一定以上の訪問介護（**生活援助中心型**）を位置付ける場合は、その**理由**を記載した**居宅サービス計画**を**市町村に届け出なければならない**。

サービス提供責任者

- 利用者数 **40** 人に対して 1 人以上のサービス提供責任者を配置する義務がある。

（サービス提供責任者の要件と業務）

資格要件	介護福祉士、実務者研修修了者、旧介護職員基礎研修修了者、旧１級課程修了者のいずれかである常勤の訪問介護員
業務	利用申込みの調整、**訪問介護計画**の作成、利用者の状態変化・サービスへの意向の定期的な把握、居宅介護支援事業者との連携、訪問介護員への指示、業務管理や研修、技術指導等、居宅介護支援事業者等に利用者の**口腔機能**や**服薬状況**等に係る気付きを情報共有　など

（訪問介護利用の流れ）

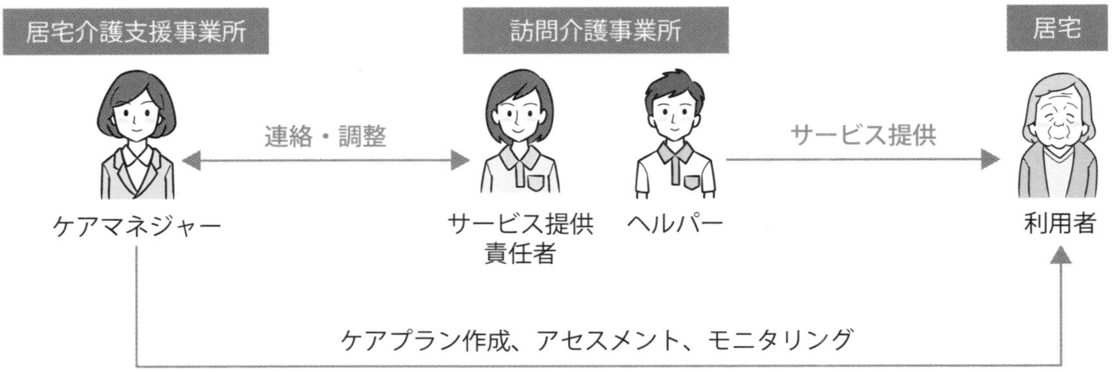

訪問介護員は、基本的に**サービス提供責任者**と同じ資格要件を満たす必要があるが、生活援助中心型の場合は、**生活援助従事者研修課程修了者**でもよい。

介護報酬

- サービス提供時間に応じ、①身体介護中心：4 区分（**20** 分未満など）、②生活援助中心：2 区分に分けて算定する。
- 生活援助中心の場合は、算定時間は **20** 分以上からとなる。
- 通院のための乗車または降車の介助が中心の場合は、**1 回**単位となる。

（主な加算・減算）

初回加算	新規に訪問介護計画を作成した利用者に対し、初回もしくは初回の訪問介護を行った日の属する月において、**サービス提供責任者が自ら訪問介護を行った場合**等
緊急時訪問介護加算	**居宅サービス計画にない訪問介護**を利用者からの要請を受けてから**24**時間以内に行った場合
夜間・早朝加算、深夜加算	夜間（午後**6**～午後**10**時）、早朝（午前**6**～**8**時）、深夜（午後**10**～翌朝**6**時）にサービスを提供した場合
２人体制加算	１人の利用者に対して、**2**人の訪問介護員等によるサービスを提供した場合
同一建物減算	**同一建物居住者**へサービス提供する場合
共生型介護特例減算	**共生型**訪問介護を行う場合

（訪問介護費と同時に算定できないサービス）

短期入所生活介護、短期入所療養介護、**特定施設入居者生活介護**、定期巡回・随時対応型訪問介護看護、小規模多機能型居宅介護、認知症対応型共同生活介護、地域密着型特定施設入居者生活介護、地域密着型介護老人福祉施設入所者生活介護、看護小規模多機能型居宅介護

午後10時から午前6時までの時間帯に訪問介護サービスを提供した場合は、**深夜加算**（所定単位数の**100**分の**50**）を加算することができる。

頻回の訪問の場合を除いて、要介護度にかかわらず、20分未満の身体介護中心型を算定できます。

プラス＋αアルファ

- 一般的な調理は**生活援助**の対象となるが、嚥下障害のある利用者のための流動食など特別な調理は**身体介護**の対象となる。
- 利用者が保険給付の範囲外のサービスを希望した場合は、**居宅介護支援事業者**または**市町村**に連絡をする。

出題実績

26 25 24 23 再

連続出題中

でる確率 99 %

100 50 0

5 居宅サービス 通所介護

ココがポイント

通所介護は、デイサービスとも呼ばれ、要介護状態にある利用者に、**事業所に通ってもらい**、介護、日常生活上の世話、機能訓練などを提供するサービスです。試験では、毎年必ず出題されており、**加算の内容**について細かく出題されるなどしています。

職種と資格要件

職種	資格要件
管理者	資格要件**なし**
生活相談員	**社会福祉士、精神保健福祉士、社会福祉主事**など（専従 1 人以上）
看護職員	看護師または准看護師
介護職員	資格要件**なし**
機能訓練指導員	理学療法士、作業療法士、言語聴覚士、看護職員、柔道整復師、あん摩マッサージ指圧師、**はり師、きゅう師**のいずれか

資格要件のある・なしが過去に問われています。また、看護職員の配置義務は頻出です！

2018（平成 30）年度の介護報酬改定によって、機能訓練指導員の資格要件に一定の実務経験を有する**はり師、きゅう師**が追加された。

主な運営基準

- **利用定員を超えて**、サービスを提供してはならない（**災害**などのやむを得ない理由を除く）。
- 消火設備その他の非常災害に際して必要な設備・備品等を備えなければならない。
- **非常災害に関する具体的な計画**を立て、非常災害時の関係機関への通報や連携体制を整備する。
- 整備した非常災害時の関係機関への通報や連携体制は、**定期的に従業者に周知**するとともに、定期的に避難、救出などの必要な**訓練**を実施しなければならない。

介護報酬

- 介護報酬は、**3**時間以上９時間未満で、１時間ごとの区分となっている。
- **事業所規模**、**サービス提供時間**、利用者の**要介護度**に応じて算定される。

（主な加算・減算）

延長加算	**9**時間以上のサービスを提供した場合
個別機能訓練加算	専従で**1**人以上配置された**機能訓練指導員**が**3**か月に１回以上、利用者の居宅を訪問し、他職種と共同して作成した**個別機能訓練計画**に基づき、計画的に機能訓練を行った場合など
入浴介助加算（Ⅰ）（Ⅱ）	入浴介助を行える人員や設備を整備し、**入浴中の利用者の観察を含む介助**を行う場合など
中重度者ケア体制加算	基準以上の看護職員または介護職員を２人以上確保している等の、**中重度の要介護者**を受け入れる体制を構築している場合
生活相談員配置等加算	共生型通所介護事業所に生活相談員を１人以上配置し、かつ、**地域貢献活動**を実施している場合
減算	・**送迎**を行わない場合 ・**同一建物居住者に対して**サービスを行う場合

基本報酬や加算・減算の要件は、地域密着型通所介護も同様です。

（通所介護費と同時に算定できないサービス）

短期入所生活介護、短期入所療養介護、特定施設入居者生活介護、小規模多機能型居宅介護、認知症対応型共同生活介護、地域密着型特定施設入居者生活介護、地域密着型介護老人福祉施設入所者生活介護、看護小規模多機能型居宅介護

プラスα アルファ

- 通所介護の利用定員は **19** 人以上。**18** 人以下の小規模通所介護は、地域密着型通所介護になる。
- 若年性認知症の利用者について、認知症加算を算定した場合は、**若年性認知症利用者受入加算**は算定することができない。

6 居宅サービス

短期入所生活介護

出題実績
26 25 24 23 再
連続出題中
でる確率 99 %

ココがポイント

短期入所生活介護は、特別養護老人ホーム等に**短期間入所**させ、入浴、排せつ、食事などの介護その他の日常生活上の世話及び機能訓練を行うサービスです。毎年出題されており、近年は**加算の内容**について細かく出題されるなどしています。

基本方針と配置される専門職

- 短期入所生活介護は、居宅要介護者について、**特別養護老人ホーム**、**養護老人ホーム**、**老人短期入所施設**に**短期間**入所させ、介護や日常生活上の世話及び機能訓練を行う。
- 要介護者本人の生活支援のほか、家族の**負担軽減**を図ることも目的としている。

（配置される専門職）

従事者	配置基準
管理者	1 人以上（**常勤**専従）
医師	1 人以上
生活相談員	利用者 100 人につき 1 人以上（1 人は常勤。利用者 **20** 人未満の併設型は非常勤可）
介護職員または看護職員	利用者 **3** 人につき 1 人以上（1 人は常勤。利用者 **20** 人未満の併設型は非常勤可）
栄養士	1 人以上（利用定員が **40** 人以下の場合は置かないことができる）
機能訓練指導員	1 人以上（併設施設と兼務可）

短期入所生活介護計画は、**管理者**が作成することは、過去に出題されている。**常勤の管理者**は必ず配置される。

主な運営基準

- **利用定員を超えて**、サービスを提供してはならない（**災害**などのやむを得ない理由を除く）。
- 利用者の負担であっても、従業者**以外**の者による**介護を受けさせてはならない**。

- 利用期間がおおむね**4**日以上になる場合は、居宅サービス計画の内容に沿って、管理者が**短期入所生活介護計画**を作成しなければならない。
- 入浴または清拭は、週に**2**回以上行う。

> 利用期間が3日以下の利用者には、短期入所生活介護計画の作成は不要！
> 試験で狙われやすいところです。

介護報酬

- **事業所の種類**、利用者の**要介護度**に応じて算定される。

（主な加算・減算）

緊急短期入所受入加算	利用者の状態や家族の事情により、緊急の受け入れを行った場合は、**利用開始から7日間**（やむを得ない事情がある場合は14日間）を上限として算定できる
認知症行動・心理症状緊急対応加算	医師が、認知症の行動・心理症状を認め、在宅での生活が困難であり、緊急に短期入所生活介護を利用することが適当と判断した者について、**利用開始から7日間を上限**として算定できる ※**緊急短期入所受入**加算、**若年性認知症利用者受入**加算とは**同時に算定できない**
療養食加算	医師の発行する処方せんに基づき、**疾病治療**の手段として療養食を提供する場合、1日につき**3**回を限度として算定できる
送迎加算	利用者の心身状態や家族等の事情から送迎が**必要**と認められた利用者に対して送迎を行った場合
減算	**連続30日を超えて**サービスを受けている利用者がいる場合

⚠ **認知症行動・心理症状緊急対応加算**を算定している場合は、**緊急短期入所受入加算**や**若年性認知症利用者受入加算**は算定できない。頻出のため必ずおさえておく。

プラス＋α アルファ

- 利用者の心身の状況のほか、**家族**の疾病、冠婚葬祭、精神的な**負担軽減**を理由とする利用も可能である。
- **医療連携強化加算**は、在宅中重度者受入加算を算定している間は、算定できない。

出題実績
26 25 24 23 再
でる確率 80 %
100 50 0

7 居宅サービス 福祉用具

ココがポイント

福祉用具は、日常生活上の便宜を図り、機能訓練のための用具でもあって、自立を助けるとともに介護者の負担軽減を図るものです。試験では、**貸与と販売の対象の区別**を理解できているかや、**福祉用具専門相談員の役割**などが問われています。

福祉用具貸与対象の福祉用具

- 福祉用具貸与の種目は次の 13 種類である。

❶車いす
❷車いす付属品
❸特殊寝台
❹特殊寝台付属品
❺床ずれ防止用具
❻体位変換器
⑦手すり（**取付け工事**を伴わないもの）
⑧歩行器
⑨スロープ（**取付け工事**を伴わない、**持ち運びが容易なもの**）
⑩歩行補助つえ
⓫認知症老人徘徊感知機器
⓬移動用リフト（**つり具部分**を除く）
⓭自動排泄処理装置（**交換可能部分**を除く）

取付け工事が必要な手すりや取付け工事が必要で持ち運びできないスロープは、住宅改修の対象です。

上記黒丸数字は、原則、要介護 **2** 以上（**⓭自動排泄処理装置**は要介護 **4** 以上）が**対象**となる。出題されやすいので、理解しておこう。

福祉用具販売対象の福祉用具

- 福祉用具販売の種目は次の 6 種類である。

①腰掛便座
②**自動排泄処理装置**の**交換可能部品**
③排泄予測支援機器
④入浴補助用具
⑤**簡易**浴槽
⑥**移動用リフト**の**つり具部分**

⚠ 2022（令和 4）年度から、**排泄予測支援機器**が**特定福祉用具販売種目の対象用具**として追加された。

福祉用具専門相談員

- 福祉用具専門相談員は、**福祉用具の点検、使用方法の指導、修理**などのほか、**福祉用具サービス計画**（福祉用具貸与計画または特定福祉用具販売計画）を作成する。
- 福祉用具貸与・特定福祉用具販売とも、事業所ごとに福祉用具専門相談員を**常勤換算**で **2** 人以上置かなければならない。

⚠ 2018（平成 30）年度から、**福祉用具専門相談員**に対して、①貸与しようとする商品の**全国平均貸与価格**を**利用者に説明**、②機能や価格帯の異なる**複数**の商品を**利用者に提示**、③利用者に交付する**福祉用具貸与計画**を**介護支援専門員**にも交付することが義務付けられた。

プラス ＋α アルファ

- 複数の福祉用具を貸与する場合、事前に**都道府県**に届出をすることにより、通常の貸与価格から**減額**して貸与することができる。
- 福祉用具販売計画を作成する際、利用者が福祉用具貸与を利用している場合には、福祉用具貸与計画と**一体**のものとして作成しなければならない。
- **ポータブル**トイレは、特定福祉用具販売の対象である。
- 特定福祉用具販売の支給限度基準額は、同一年度で **10** 万円である。

出題実績
26 25 24 23 再
でる確率 80 %

8 居宅サービス 住宅改修

ココがポイント

住宅改修には、利用者の安全な生活を確保するとともに、**移動しやすく生活しやすい**居宅にする目的があります。**住宅改修と福祉用具の対象**や、**支給の流れ**が理解できているかなどが問われます。

住宅改修の対象

- 住宅改修の対象は次の 6 種類です。

①**手すりの取付け**
②**段差の解消**（動力部分は対象外）
③滑りの防止及び移動の円滑等のための床材変更
④引き戸等への扉の取替え
⑤**洋式便器**等への便器の取替え
⑥その他①～⑤の住宅改修に付帯して必要となる住宅改修

福祉用具での支給の対象と混ぜて出題されています。取付け工事を伴わない手すりやスロープは、福祉用具貸与の対象です！

⚠ 和式便器から暖房や洗浄機能等がついた洋式便器への取替えについては、保険給付の対象と**なる**が、すでに設置されている洋式便器に暖房や洗浄機能等の**付加機能**をつける工事は給付の対象と**ならない**。また、**水洗化の工事**も給付の対象**外**である。

住宅改修費の支給

- 原則、**償還**払いである。
- 支給限度基準額は、**20** 万円で、**要介護状態区分による差はない**。

⚠ 要介護度が **3** 段階以上上がった場合や、**転居**した場合は、特例として **1 回を限度とした再支給**が認められている。

住宅改修の過程

①相談
利用者は、住宅改修について介護支援専門員等に相談し、情報提供や説明を受ける

↓

②事前申請
市町村に申請する ＜提出書類＞　支給申請書、住宅改修が必要な**理由書**、**見積書**、住宅改修の予定の状態が確認できるものなど

↓

③**市町村**による支給決定

↓

④施工・完成

↓

⑤支給申請
市町村に申請する ＜提出書類＞　領収書、**工事内訳書**、改修前後の写真など
市町村は、住宅改修施工事業者に対し、**帳簿書類の提出**を求めることができる

↓

⑥支給決定

⚠ 理由書は、原則、**介護支援専門員**が作成する。

住宅改修費は、利用者が事前に申請し、保険者である市町村が必要と認めた場合に支給されます。

出題実績 26 25 24 23 再

でる確率 80 %

9 地域密着型サービス 小規模多機能型居宅介護

ココがポイント

小規模多機能型居宅介護は、通いサービスを中心に、訪問サービスや宿泊サービスを、利用者の心身状態や希望などに応じ**組み合わせて**提供できるサービスです。試験では、**人員基準**の詳細を問われている回もあります。

人員基準（サテライト事業所を除く）

職種	資格要件・配置基準等
居宅介護従業者	介護などに対する知識・経験を有する者 ・通いサービス提供者：常勤換算方法で利用者３人につき１人以上 ・訪問サービス提供者：常勤換算方法で１人以上 ・夜間・深夜の勤務にあたる者：１人以上 上記のうち１人以上は**看護師**または**准看護師** 上記のうち１人以上は**常勤**
介護支援専門員	厚生労働大臣が定める研修を修了している者 **専従**（支障がなければ兼務**可**）
管理者	事業所などで**3**年以上**認知症ケアに従事した経験**がある者 **常勤専従**（支障がなければ兼務**可**）
代表者	事業所などで**認知症ケアに従事した経験**がある者、または**保健医療サービス、福祉サービスの経営に携わった経験がある者**で厚生労働大臣が定める研修の修了者

⚠ 管理者は、**常勤専従**が原則であるが、支障がなければ他の職務との**兼務**が可能である。

過去には、介護支援専門員と管理者が兼務可かどうかなど、資格要件や配置基準の細かいところまで問われました。

主な設備基準・運営基準

- 事業所の登録定員は 29 人以下（サテライト型は 18 人以下）。
- 利用者が**利用者登録**できる小規模多機能型居宅介護事業所は 1 か所のみである。
- 宿泊室の 1 室当たりの定員は 1 人（**処遇上必要と認められる場合**は 2 人も可）。
- **介護支援専門員**は、**居宅サービス計画と小規模多機能型居宅介護計画**を作成する。

（利用定員）

通いサービスの利用定員	・登録定員の 2 分の 1 ～ 15 人（サテライト型：**2 分の 1 ～ 12 人**） ・登録定員が 25 人を超える場合はその人数に応じて **16 ～ 18 人**まで
宿泊サービスの利用定員	通いサービスの利用定員の 3 分の 1 ～ 9 人 （サテライト型：**3 分の 1 ～ 6 人**）

介護支援専門員は、利用登録者のほかの居宅サービスを含めた**居宅サービス計画**と個別サービス計画である**小規模多機能型居宅介護計画**の 2 つの計画を作成する。

介護報酬

- 利用者の**居住状態**（同一建物に居住・同一建物外に居住）、利用者の**要介護度**に応じて月単位で算定される。

（主な加算・減算）

認知症加算	介護を必要とする認知症の者に対してサービスを提供した場合
看取り連携体制加算	**看護師により 24 時間連絡体制を確保する**などの一定要件を満たして看取り期のサービスを提供した場合
減算	通い、訪問、宿泊サービスの算定月における提供回数について、登録者 1 人当たり平均回数が週 4 回に満たない場合

プラス＋α アルファ

- 居宅サービス計画は、利用者の多様な活動が確保されるものとなるよう努めなければならない。小規模多機能型居宅介護事業所の**介護支援専門員**が作成する。
- 事業所は、**住宅地**または**住宅地**と同程度に利用者の家族や地域住民との交流の機会が確保される地域のなかにあることとされている。

出題実績
26 25 24 23 再
でる確率 80 %
100 50 0

10 地域密着型サービス
認知症対応型共同生活介護

ココがポイント
認知症対応型共同生活介護は、**グループホーム**とも呼ばれ、認知症の要介護者が家庭的な雰囲気のなかで日常生活を送れるように援助するサービスです。試験では、**運営基準**を中心に基本的なことが問われています。

配置される専門職

（配置される専門職）

従事者	配置基準
介護従事者	日中：利用者 3 人につき 1 人以上 夜間：夜勤 1 人以上
計画作成担当者	事業所ごとに 1 人以上（1 人は介護支援専門員）
管理者	3 年以上認知症の介護従事経験のある者、常勤専従

- **計画作成担当者**は、厚生労働大臣が定める研修を修了している者でなければならない。

計画を作成するのは、介護支援専門員だけでないことを理解しておきましょう。

管理者は、**3 年以上**認知症の介護従事経験のある者が常勤する。また専門職のうち 1 人以上は、**介護支援専門員**でなければならない。

共同生活住居（ユニット）の基準

ユニットごとの定員	5～9 人
事業所に設けることができるユニット数	1 以上 3 以下
居室定員	1 人（処遇上必要な場合は 2 人でも可）
居室の床面積	7.43㎡以上

居室定員は、原則 **1** 人だが、**処遇上必要な場合**は **2** 人でも可という点は、試験で狙われやすいので注意しておく。

主な運営基準

- 入退去に際してその年月日、入居時には共同生活住居の名称を、利用者の**被保険者証**に記載する。
- **認知症対応型共同生活介護計画**を作成し、利用者に説明・同意・交付する。
- 利用者の負担により、従業者**以外**の者による介護を受けさせてはならない（事業者負担は可能）。
- 定期的に**外部**の者による評価を受け、その結果を**公表**し、改善を図る。
- あらかじめ**協力医療機関**を定めておかなければならない。また、協力歯科医療機関を定めておくよう努める。
- **運営推進会議**を設置・開催する（おおむね **2** か月に 1 回以上）。

認知症対応型共同生活介護では、**居宅療養管理指導以外の居宅サービス、地域密着型サービスは利用できない**。必要な場合は、事業者負担で提供する。

介護報酬

- 認知症対応型共同生活介護の基本報酬は、**利用者の要介護度やユニット数**などによって異なる。

（主な加算・減算）

初期加算	入居して **30** 日以内の期間について（短期利用を除く）
医療連携体制加算	看護師を配置し、看護師による 24 時間連絡体制をとっているなどの要件を満たしている場合

一定の要件を満たしている事業所では、空いている居室等を利用して、**30 日以内の短期利用**のサービスを行うことができる。

プラス＋α アルファ

- 事業所の立地場所は、利用者の家族や地域住民との交流の目的から、**住宅地**または**住宅地**と同程度の場所とされている。
- 事業者は、非常災害に対する具体的な計画を立て、**定期的**に従業者に周知しなければならない。

出題実績
26 25 24 23 再
でる確率 90 %

11

地域密着型サービス

認知症対応型通所介護

ココがポイント
認知症対応型通所介護は、認知症である居宅要介護者を、**老人デイサービスセンター**等に通わせ、入浴や排泄、食事等の介護や機能訓練等を行うサービスです。試験では、**運営基準**を中心に問われています。

認知症対応型通所介護の３つの類型

類型	概要
単独型	**特別養護老人ホーム**、養護老人ホーム、病院、診療所、介護老人保健施設、介護医療院、社会福祉施設、特定施設に**併設されていない事業所**で行う ※利用定員 **12** 人以下
併設型	単独型に示されている**施設に併設**して行う ※利用定員 **12** 人以下
共用型	**認知症対応型共同生活介護**事業所等の**居間や食堂等を活用**して、その**事業所や施設の利用者や入所者等とともに行う** ※利用定員は施設種別によって異なる

職員、利用者及びサービスを利用する空間を**明確に区別**すれば、**通所介護**と**同じ事業所で同じ時間帯**にサービスを行うことができる。

配置される専門職（単独型・併設型）

（配置される専門職）

従事者	配置基準
生活相談員	単位ごとに１名以上
看護職員または介護職員	２名以上（うち１名は提供時間帯を通じて専従）
機能訓練指導員	単位ごとに１人以上（当該事業所の他の職務との兼務可）

生活相談員、看護職員または介護職員のうち１人以上は常勤でなければなりません。

このほか管理者も配置され、**認知症対応型通所介護**計画は居宅サービス計画に沿って**管理者が作成**し、利用者に説明・同意・交付する。

共用型認知症対応型通所介護の種類

種別	共用する設備	利用定員
認知症対応型共同生活介護	**居間**または**食堂**	共同生活住居ごとに１日あたり**3**人以下
地域密着型特定施設	**食堂**または**共同生活室**	施設ごとに１日あたり**3**人以下
地域密着型介護老人福祉施設	**食堂**または**共同生活室**	１ユニットあたりユニットの入居者と合わせて**12**人以下

共用型認知症対応型通所介護の指定を受けられるのは、**指定を受けた日から3年以上**を経過している事業者や施設に限る。

プラス + α アルファ

（運営推進会議の対象事業所と開催回数）

2か月に１回以上	・小規模多機能型居宅介護 ・看護小規模多機能型居宅介護 ・認知症対応型共同生活介護 ・地域密着型介護老人福祉施設入所者生活介護 ・地域密着型特定施設入居者生活介護
6か月に１回以上	・定期巡回・随時対応型訪問介護看護 （介護・医療連携推進会議） ・認知症対応型通所介護 ・地域密着型通所介護
12か月に１回以上	・療養通所介護

12 介護保険施設サービス 介護老人福祉施設

出題実績
26 25 24 23 再
連続出題中
でる確率 99 %

ココがポイント
介護老人福祉施設は、**施設サービス計画**に基づいて、入所者がその能力に応じ自立した日常生活を営むことができるようにすることを目指す施設です。近年は、**人員基準**についての出題が目立っています。

入所の対象者

- 原則、要介護 **3** 以上の者が対象となる。
- 要介護 **1** または **2** であっても、下記のようなやむを得ない事情を**十分に考慮**したうえで、必要であれば認められる。
- また、**地域**の実情等を踏まえ、各自治体において必要と認められる事情があれば、それも考慮する。
- 入所定員は **30** 人以上である。定員が **29** 人以下のものは、地域密着型介護老人福祉施設と呼ばれる。

①**認知症**であって、日常生活に支障を来すような症状・行動などが頻繁にみられ、居宅での日常生活が困難
②**知的障害・精神障害**などで、日常生活に支障を来すような症状・行動などが頻繁にみられ、居宅での日常生活が困難
③家族等による深刻な**虐待**が疑われる
④**単身**、**同居家族が高齢**等により家族等による支援が期待できず**地域での介護サービス等も不十分**である

やむを得ない事情がある場合に認められることは、頻繁に問われます。

⚠ **65** 歳以上の**要介護 3 以上**の者だけでなく、**40** 歳以上の**要介護 3 以上**の者も対象となることに注意。ひっかけ問題で出題される可能性がある。

主な運営基準

- **入浴または清拭**は、週に **2** 回以上行う。
- 入所者の**褥瘡**を予防するための体制を整備し、適切な介護を行わなければならない。
- 入所者の負担により、施設の従業者以外の者による介護を受けさせてはならない。
- **教養娯楽設備**等を備えるとともに、適宜入所者のための**レクリエーション行事**を行わなければならない。
- 入所者が病院に入院する場合、**3か月以内に退院することが見込まれる場合**には、退所後に再度施設に円滑に**入所**できるようにする。

人員基準

医師	必要数（非常勤でも可）
生活相談員	入所者 100 人またはその端数を増すごとに 1 人以上 **常勤**
看護・介護職員	入所者 **3** 人あたり 1 人（常勤換算） 看護職員：入所者 30 人未満で 1 人以上、30 〜 50 人未満で 2 人以上、50 〜 130 人未満で 3 人以上。 1 人以上は**常勤** 介護職員：夜勤を含めて 1 人以上は**常勤**
栄養士または管理栄養士	1 人以上 ※ **40** 人以下の施設で、入所者処遇に支障がなければ配置しなくて可
機能訓練指導員	1 人以上（**兼務可**）
介護支援専門員	1 人以上で**常勤**（**兼務可**）（**都道府県の条例**で定める員数）
管理者	1 人以上で**常勤**（**兼務可**）

介護支援専門員が「兼務可」は頻出です！　機能訓練指導員や管理者も兼務可であることも、おさえておきましょう。

栄養士は、1 人以上だが、入所定員が **40** 人以下の施設では、**他の施設の栄養士との連携を図ることができ、入所者の処遇に支障がないとき**は、栄養士を置かないことができる。

介護報酬

- 利用者の要介護度、施設の規模、従来型・ユニット型別で異なり、1日単位で算定する。

（主な加算・減算）

退所時等相談援助加算	入所期間が1か月を超える入所者に対し、退所前や退所後に居宅を**訪問して相談援助**等を行った場合
科学的介護推進体制加算（Ⅰ）（Ⅱ）	入所者のADL値、栄養状態、口腔機能等の心身の状況等に係る基本的な情報を**厚生労働省**に提出し、必要に応じて施設サービス計画を見直す等、サービス提供にあたり該当情報その他サービスを適切かつ有効に提供するために必要な情報を活用した場合など
身体拘束廃止未実施減算	緊急やむを得ない身体拘束を行った際に、その理由の**記録**及び身体拘束等の適正化に関する**基準**を満たしていない場合

入所は必ずしも申し込み順ではなく、入所の必要性の高い人が優先されます。

⚠ 身体的拘束等の適正化のための対策を検討する**委員会**を3か月に1回以上開催しなければならない。また、その結果について**介護職員その他の従業者に周知**しなければならない。

＋《プラス》α《アルファ》

- 介護老人福祉施設とは、老人福祉法に規定された入所定員30人以上の特別養護老人ホームである。
- 設置者は、原則として**地方公共団体**と**社会福祉法人**である。
- **協力病院**を定め、**協力歯科医療機関**は定めるよう努めなければならない。
- 介護老人福祉施設は、明るく**家庭的**な雰囲気や地域、**家庭**との結びつきを重視した運営を行うよう努めなければならない。
- 入所者は**居宅**での生活に困難を抱えて入所しているが、できる限り**居宅**における生活への復帰を目指すものとする。

13

関連諸制度

成年後見制度

出題実績
26 25 24 23 再
でる確率 90 %

ココがポイント

成年後見制度は、民法の改正と任意後見契約に関する法律及び後見登記等に関する法律の成立によって整えられた制度です。成年後見制度の利用の促進に関する法律では、成年被後見人の**意思決定の支援**と**自発的意思の尊重**を基本理念に掲げています。

成年後見制度の全体図

- 成年後見制度は、**法定後見**制度と**任意後見**制度という２つの制度で成り立っている。
- **法定後見**制度は、**すでに判断能力が不十分な者**が使い、**任意後見**制度は、**判断能力はあるが、将来認知症などで判断能力が不十分になったときのため**に後見人をあらかじめ決めておくものである。

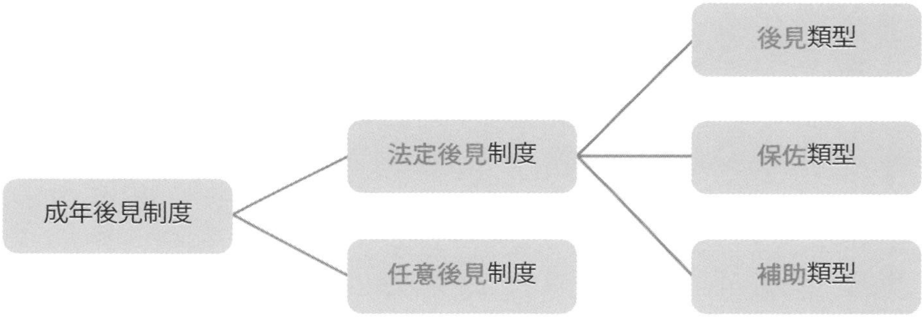

判断能力が最も低い者を対象とするのが**後見**類型、中度の者を対象とするのが**保佐**類型、最も高い者を対象とするのが**補助**類型になる。

法定後見制度は、判断力の程度に応じて、後見類型、保佐類型、補助類型の３つに分かれています。

法定後見制度と任意後見制度

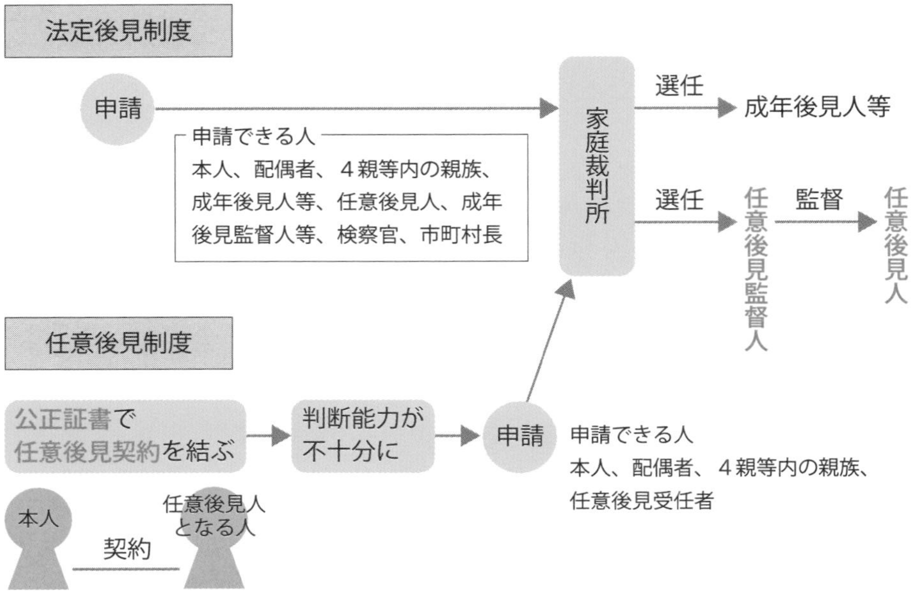

任意後見制度では、家庭裁判所が任意後見監督人を選任することで任意後見が開始されます。

⚠ 任意後見制度では、**公正証書**以外での契約は一切認められない。試験でも狙われやすいので注意が必要だ。

成年後見人等の権限

保護者	代理権	同意権	取消権
成年後見人	あり	なし	あり
保佐人	なし※	あり	あり
補助人	なし※	なし※	あり

※本人の申立てに基づき、必要な範囲を限定して、家庭裁判所の審判により付与することができる。

- 成年後見人の職務には、**身上監護**と**財産管理**がある。
- 被後見人等の**婚姻・離婚**に関することや、**医療行為**の同意などは、支援の対象にならない。
- 成年被後見人の法律行為は、**原則として取り消すことができる**。ただし、**日用品の購入その他日常生活**に関する行為については**取り消すことはできない**。
- 成年後見人が成年被後見人の**居住用**の不動産を処分する場合には、**家庭裁判所の許可**が必要である。
- 申立てによって保佐人に与えられる代理権は、財産管理などの**特定**の事項に限られる。
- 保佐人の**同意権**、**取消権**の範囲を広げたり、保佐人に**代理権**を与える場合や、補助人に**同意権**や**代理権**を与える場合には、本人による審判の申立て、または本人の同意のもと4親等内の親族等の請求により、審判を申立てなければならない。

取消権は、成年後見人、保佐人、補助人の支援者3類型すべてにあります。

⚠ 成年後見人の代理権において、本人の**居住用不動産**の処分においては、**家庭裁判所の許可が必要**なことは頻出である。

プラスα アルファ

- 後見人等には、本人や親族以外にも、**第三者**後見人として弁護士や社会福祉士などの専門職や、社会福祉協議会等の**法人**も選任することができる。
- 法定後見の開始の申請は、**4親等**内の親族がいないなど、申請が困難な場合に**市町村長**が行うことが認められている。
- 市町村長は、65歳以上の者について必要があると認めるときは、後見開始の**審判**を請求することができる。
- 任意後見制度は、後見人となる人を指定し、あらかじめ**公正証書**で**任意後見**契約を結ぶ制度である。公正証書以外の契約は**無効**である。
- 最高裁判所事務総局家庭局「成年後見関係事件の概況─令和4年1月～12月─」によれば、親族等が成年後見人等に選任された割合は約**2**割（19.1％）（前年は19.8％）であり、司法書士や弁護士等の親族以外の第三者が成年後見人等に選任された割合は約**8**割（80.9％）（前年は80.2％）であった。

出題実績
26 25 24 23 再
連続出題中
でる確率 99 %
100 50 0

関連諸制度

14 生活保護制度

ココがポイント

生活保護制度は、日本国憲法第 25 条の規定に基づき国民の**最低限度の生活**を保障し、**自立を助長**する制度です。試験では、**生活保護の 8 つの種類の対象**や**介護扶助の範囲**について詳細に理解できているかなどが問われています。

生活保護の基本的原理

国家責任の原理	**国**の責任で生活困窮者の保護を行う
無差別平等の原理	生活困窮に陥った**原因**を問わない
最低生活保障の原理	**健康で文化的**な生活水準の維持を保障する
保護の補足性の原理	**資産**や**能力**その他あらゆるものを生活保護に優先する

申請は、要保護者、その扶養義務者またはその他の同居の親族が行うことができます。

保護の実施機関は、**都道府県知事**、**市長**及び**福祉事務所**を管理する町村長である。

生活保護の実施原則

申請保護の原則	保護は、**申請**に基づいて開始する
基準及び程度の原則	要保護者の最低限度の生活における需要の不足分を補う程度で行う
必要即応の原則	要保護者の**年齢別**、**性別**、**健康状態**などの違いを考慮して行う
世帯単位の原則	**世帯**を単位として行う

生活保護の８つの種類

種類	給付形態	概要
生活扶助	**金銭**給付	**飲食物費、光熱費**などの日常生活にかかわる基本的な需要を満たすための給付
教育扶助	**金銭**給付	**給食代、教材代**などの**義務教育**の就学に必要な費用のための給付
住宅扶助	**金銭**給付	**家賃、地代**などの住宅の確保や**老朽化**等に伴う住宅の**修理**に必要な費用のための給付
医療扶助	**現物**給付	**入院、診療、手術**などの指定医療機関による医療サービスの給付
生業扶助	**金銭**給付	**技能取得費や生業にかかる資金**などの就労に必要な費用のための給付。**高校**就学に必要な費用も含まれる
出産扶助	**金銭**給付	**出産**に必要な費用のための給付
葬祭扶助	**金銭**給付	**火葬、納骨**などの葬祭に必要な費用のための給付
介護扶助	**現物**給付※	居宅介護や施設介護、福祉用具、住宅改修、介護予防などの指定介護機関による介護サービスの給付

※住宅改修や福祉用具などの**金銭**給付もあり

生活保護は、状況が急迫している場合は、申請がなくても必要な保護を行うことができます。

介護扶助の９つの種類

- 扶助の内容は、移送を除き、基本的に介護保険の給付対象となるサービスと同じである。

①居宅介護（**居宅介護支援計画**に基づき行うものに限る）	②福祉用具
③住宅改修	④施設介護
⑤介護予防（**介護予防支援計画**に基づき行うものに限る）	⑥介護予防福祉用具
⑦介護予防住宅改修	⑧介護予防・日常生活支援
⑨**移送**（生活保護制度の独自のもの）	

介護扶助の範囲

①居宅サービス

（介護保険被保険者の場合）　　（被保険者以外の場合）

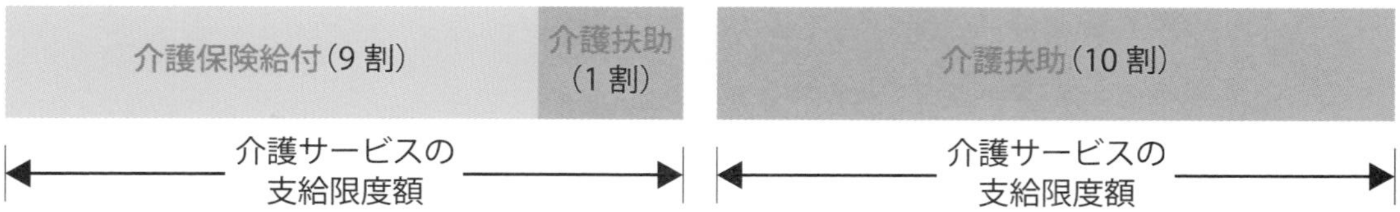

②施設サービス

（介護保険被保険者の場合）　　（被保険者以外の場合）

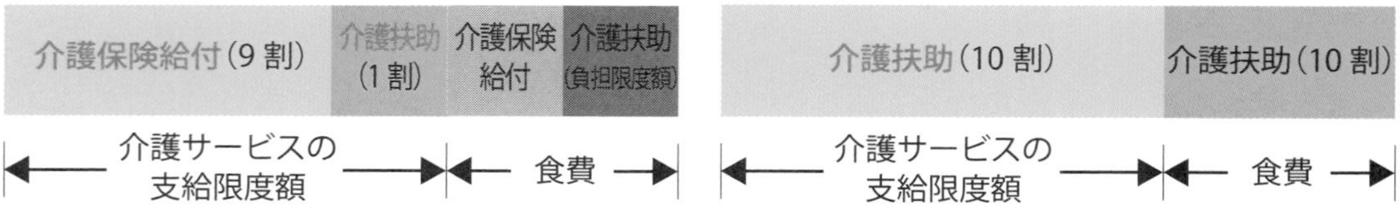

介護保険の保険料や介護施設入所者の**日常生活費**は、**生活扶助**で給付を行っている。また通所サービスの**食費**については、**自己負担**となる。試験で狙われやすいので注意。

プラスα（アルファ）

- 被保護者の収入として認定されるものには、**地代**や**家賃**等の財産収入、**就労**による収入、親族による**援助**、**年金**などが含まれる。
- 介護扶助における給付は、**介護保険**法と**生活保護**法の**両方の指定を受けた指定介護機関**に委託して行われる。
- 生活保護受給者の第 1 号介護保険料は、年金から特別徴収される場合以外は、**生活扶助**の**介護保険料加算**から賄われる。
- 外国人は、一般の国民に対する生活保護の取扱いに**準じて**、保護を受けることができる。
- 生活保護を受けている者は、後期高齢者医療制度の被保険者と**ならない**。

出題実績

26 25 24 23 再

でる確率 70 %

100 50 0

関連諸制度

15 高齢者虐待

ココがポイント

試験では、**高齢者虐待防止法**を中心に問われています。**5つの虐待の定義**や、**身体拘束における3要件**などが問われました。また、高齢者虐待を発見したときの対応についてもおさえておきましょう。

養護者と養介護施設従事者等の定義

- 高齢者虐待防止法では、高齢者虐待を「**養護者**による高齢者虐待及び**養介護施設従事者**等による高齢者虐待」と定義している。

（養介護施設）

老人福祉法に規定する老人福祉施設、有料老人ホーム、介護保険法に規定する**介護保険施設**、地域密着型介護老人福祉施設、**地域包括支援センター**

高齢者虐待防止法では、地域包括支援センターを高齢者虐待防止の中心機関として定めています。

同法では、「高齢者」を**65**歳以上の者と定義している。75歳以上などのひっかけに気を付ける。

高齢者虐待の定義

身体的虐待	高齢者(65歳以上の者、以下同)の身体に外傷が生じる**暴行**を加えること、身体に外傷が生じるおそれのある**暴行**を加えること、**外部**との接触を意図的・継続的に遮断すること
介護・世話の放棄・放任(ネグレクト)	高齢者を衰弱させるような著しい**減食**や長時間の**放置**、養護者以外の同居人による身体的虐待などの行為を**放置**するなどによって、養護を著しく怠ること
心理的虐待	高齢者に対する著しい**暴言**、著しく**拒絶**的な対応などの高齢者に著しい心理的外傷を与える言動を行うこと
性的虐待	高齢者にわいせつな行為をする、またはさせること
経済的虐待	養護者または高齢者の親族が高齢者の**財産を不当に処分する**こと、高齢者から**不当に財産上の利益を得る**こと

⚠ **身体的**虐待には、**外部との接触を意図的、継続的に遮断する行為**も含まれる。**心理的**虐待には、排泄交換や片づけをしやすいという介護者側の理由で、本人の尊厳を無視して**トイレに行けるのにおむつ**をあてたり、**食事の全介助**をしたりすることも含まれる。

高齢者虐待発見時の通報義務

- 高齢者虐待防止法では、高齢者虐待を発見した者は、**市町村**への**通報義務**が定められている。

(養護者による高齢者虐待)

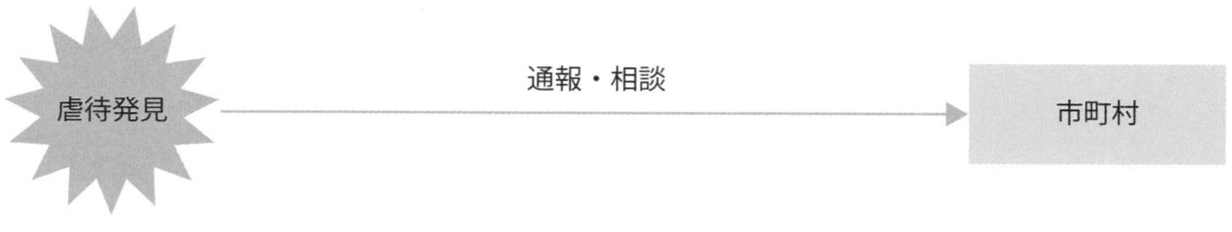

(養介護施設従事者等による高齢者虐待)

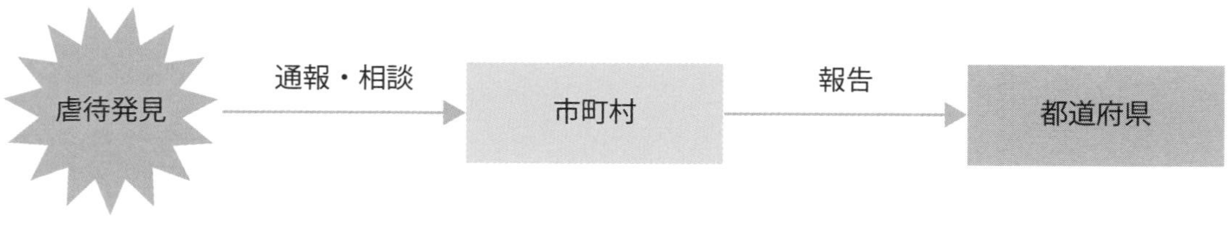

高齢者虐待防止法では、市町村を第一義的責任主体と位置付けていることをしっかりおさえておきましょう。

身体拘束

（身体拘束禁止の例外となる３要件）

切迫性	本人やほかの利用者などの、**生命または身体が危険にさらされる可能性が著しく高い**こと
非代替性	身体拘束その他の行動制限を行う以外に**代替する介護方法がない**こと
一時性	身体拘束その他の行動制限が**一時的**なものであること

⚠ 緊急やむを得ない場合として身体拘束が認められるのは、「**切迫性**」「**非代替性**」「**一時性**」の**すべて**を満たす場合である。

プラスα アルファ

- **市町村**または**市町村長**は、虐待の通報または届け出があった場合には、養護者による虐待から高齢者を一時的に保護するために老人短期入所施設等に入所させることができる。
- **市町村長**は、養護者による高齢者虐待により高齢者の生命または身体に重大な危険が生じているおそれがある場合は、地域包括支援センターの職員その他高齢者の福祉に関する事務に従事する職員に、高齢者の居所に**立ち入り**調査をさせることができる。
- **市町村長**は、立ち入り調査等の場合に、**警察署長**に対し援助を求めることができる。
- **都道府県知事**は、毎年度、要介護施設従事者等による高齢者虐待の状況等について**公表**する。

出題実績
26 25 24 23 再
でる確率 70 %

16 関連諸制度

障害者福祉制度

ココがポイント

障害者総合支援法は、障害者権利条約の批准に向けた国内法整備の一環として、障害者自立支援法が 2012（平成 24）年に改正されたものです。試験では、**改正内容**や**支給決定の流れ**などが問われています。

障害者総合支援法の実施主体と対象

実施主体	市町村
対象者	・身体障害者 ・知的障害者 ・精神障害者（発達障害者を含む） ・難病患者等

実施主体は市町村であることをおさえておきましょう。

支給決定までの流れ

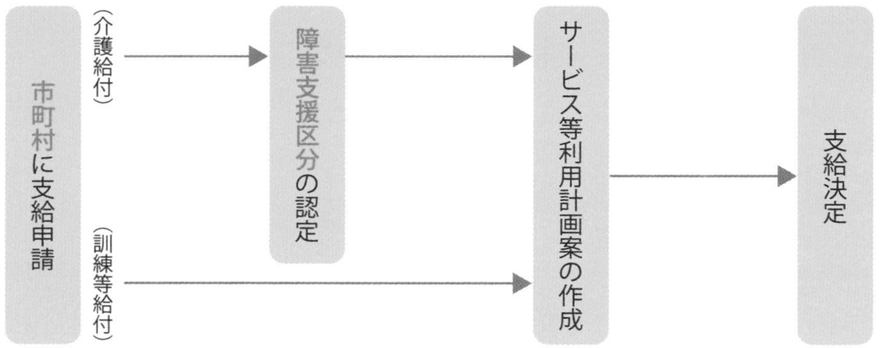

障害福祉サービスの利用を希望する障害者は、**市町村**に対して**支給申請**を行う。

2018（平成 30）年施行の改正法のポイント

就労定着支援の創設	一般就労に移行した障害者等を対象に、事業所や家族との**連絡調整**等の支援を行い、**就労定着に向けた支援**を行う新たなサービスを創設
自立生活援助の創設	1 人暮らしに必要な理解力や生活力等を養うために、定期的な**居宅訪問**や随時の対応により、**円滑な地域生活を支援**する新たなサービスを創設
重度訪問介護の訪問先の拡大	重度訪問介護サービスを、従前はできなかった**入院**時も、一定の支援が可能とする
高齢障害者の介護保険サービスの円滑な利用	65 歳に至るまで相当の長期間にわたり障害福祉サービスを利用していた一定の高齢障害者に対し、介護保険サービスの利用者負担が軽減されるよう障害福祉制度により**利用者負担を軽減する**

就労定着支援と自立生活援助の 2 つのサービスが新たに創設されました。

重度訪問介護について、居宅において**日常的**に利用している最重度の利用者が、**医療機関に入院**した場合、医療機関も**訪問先**として可能となった。

プラス α アルファ

- **障害支援区分**は、支援の度合いを表す 6 段階の区分（区分 1 ～ 6。区分 6 の方が必要とされる支援の度合いが高い）である。2014（平成 26）年の改正で**障害程度区分**からその定義を含めて変更された。
- 高齢者のリハビリテーションにおいて、福祉用具の給付は、原則として障害者総合支援法より**介護保険法**が優先する。
- **生活介護**及び施設入所支援の支給決定を受けて**指定障害者支援施設**に入所している障害者は、介護保険サービスに相当する介護サービスが提供されていることから、65 歳以上であっても介護保険の被保険者とならない。

ささっと復習！

ソーシャルワークと援助技術

（ソーシャルワークの種類と例）

種類	例
ミクロレベルのソーシャルワーク	・社会福祉士による**成年後見制度**の利用に関する面接 ・社会福祉士による生活保護の相談面談 ・主任介護支援専門員による**家族介護者**との相談面談
メゾレベルのソーシャルワーク	・施設入所者に対する**レクリエーション活動** ・介護に悩む家族を対象とした**交流活動** ・老人クラブで行われる健康教室
マクロレベルのソーシャルワーク	・地域における**高齢者の見守り活動** ・地域住民のための**認知症サポーター養成講座** ・地域住民のための生活支援サポーター養成講座 ・ボランティアコーディネーターによる災害**ボランティアセンター**の設置 ・地域住民の**交流**を目的としたボランティアの募集 ・多機関協働による認知症カフェの設置・運営

（ケースワークのプロセス）

インテーク → アセスメント → 支援計画の立案 → 支援計画の実施 → 再評価 → フォローアップ

（コミュニケーション技術）

共感	**クライエント**の立場に立って、クライエントの**価値観**を受け止める
直面化	クライエントが目を背けていることに**気づかせ**、成長を促す
傾聴	相手の話す内容に耳と**心**を傾け相手の**思い**を理解する
クローズドクエスチョン（閉じられた質問）	「はい」「いいえ」で答えられる質問。**事実の確認**を行う場合に用いる
オープンクエスチョン（開かれた質問）	「詳しく教えてください」や「どう思いますか」などの質問により、**より多くの情報**を引き出す
表情、抑揚	コミュニケーションの要素。話すときの表情や抑揚のほか、**速さ**、声の**高低**も含まれる

巻末

厳選過去問

（第 26 回問題 4）

1 介護保険法第 2 条に示されている保険給付の基本的考え方として正しいものはどれか。**3 つ**選べ。

1 要介護状態等の軽減又は悪化の防止に資するよう行われなければならない。

2 被保険者の置かれている環境に配慮せず提供されなければならない。

3 可能な限り、被保険者の有する能力に応じ自立した日常生活を営むことができるように配慮されなければならない。

4 医療との連携に十分配慮して行われなければならない。

5 介護支援専門員の選択に基づき、サービス提供が行われなければならない。

（第 24 回問題 5）

2 「国民の努力及び義務」として介護保険法第 4 条に規定されているものはどれか。**3 つ**選べ。

1 介護保険事業に要する費用を公平に負担する。

2 加齢に伴って生ずる心身の変化を自覚して常に健康の保持増進に努める。

3 可能な限り、住み慣れた地域でその有する能力に応じ自立した日常生活を営む。

4 要介護状態となった場合においても、その有する能力の維持向上に努める。

5 認知症に対する理解を深めるよう努める。

（第 24 回問題 13）

3 介護保険法上、市町村介護保険事業計画において定めるべき事項として正しいものはどれか。**3 つ**選べ。

1 介護保険施設等における生活環境の改善を図るための事業に関する事項

2 地域密着型介護老人福祉施設入所者生活介護に係る必要利用定員総数の見込み

3 介護給付等対象サービスの種類ごとの量の見込み

4 地域支援事業に関する過去の実績

5 介護給付等に要する費用の適正化に関し、市町村が取り組むべき施策に関する事項

1 正答 1、3、4

➡ P.8

1 ○ 要介護状態等の**軽減**又は**悪化の防止**に資するよう行われなければならない。

2 × 被保険者の置かれている環境等に**配慮して**提供されなければならない。

3 ○ 可能な限り、その有する能力に応じ**自立した日常生活**を営むことができるように配慮されなければならない。

4 ○ **医療**との連携に十分配慮して行われなければならない。

5 × **被保険者**の選択に基づき、サービスが提供されるよう配慮しなければならない。

2 正答 1、2、4

➡ P.8

1 ○ 本肢は介護保険法**第 4 条**に規定されている。

2 ○ 本肢は介護保険法**第 4 条**に規定されている。

3 × 本肢は介護保険法**第 5 条**に規定されている。

4 ○ 本肢は介護保険法**第 4 条**に規定されている。

5 × 認知症に対する理解を深めるよう、認知症に関する知識の普及及び啓発に努めるのは、**国及び地方公共団体**の責務であり、介護保険法**第 5 条の 2**に規定されている。

3 正答 2、3、5

➡ P.12、13

1 × 本肢は、**都道府県介護保険事業支援計画**において**定めるよう努める**事項である。

2 ○ 本肢は、**市町村介護保険事業計画**において**定めるべき**事項である。

3 ○ 本肢は、**市町村介護保険事業計画**において**定めるべき**事項である。

4 × 本肢は、**市町村介護保険事業計画**における記載事項に**含まれない**。

5 ○ 本肢は、**市町村介護保険事業計画**において**定めるべき**事項である。

（第 25 回問題 12）

4 包括的支援事業の各事業において配置することとされている者として正しいものはどれか。**3 つ**選べ。

1 生活支援コーディネーター（地域支え合い推進員）

2 介護サービス相談員

3 認知症地域支援推進員

4 チームオレンジコーディネーター

5 福祉用具専門相談員

（第 22 回再問題 13）

5 地域支援事業について正しいものはどれか。**3 つ**選べ。

1 介護予防・生活支援サービス事業には、生活支援体制整備事業が含まれる。

2 介護予防・日常生活支援総合事業の財源には、第 2 号被保険者の保険料が含まれる。

3 包括的支援事業は、公益法人以外には委託できない。

4 一般介護予防事業には、地域リハビリテーション活動支援事業が含まれる。

5 一般介護予防事業には、介護予防に関するボランティア等の人材の育成が含まれる。

（第 26 回問題 13）

6 地域支援事業の包括的支援事業として正しいものはどれか。**2 つ**選べ。

1 家族介護支援事業

2 一般介護予防事業

3 在宅医療・介護連携推進事業

4 保健福祉事業

5 生活支援体制整備事業

4 正答 1、3、4

➡ P.17

1 ○ **生活支援体制整備事業**において配置することとされている。

2 × 包括的支援事業において配置することとされている者には**含まれない**。

3 ○ **認知症総合支援事業**において配置することとされている。

4 ○ **認知症総合支援事業**において配置することとされている。

5 × 包括的支援事業において配置することとされている者には**含まれない**。

5 正答 2、4、5

➡ P.16、17

1 × 生活支援コーディネーターの配置や協議体の設置を行う生活支援体制整備事業は、**包括的支援事業の社会保障充実分**に含まれる。

2 ○ 介護予防・日常生活支援総合事業の財源には、第2号被保険者の保険料が**含まれる**。

3 × **公益法人以外**にも、社会福祉法人や特定非営利活動法人、その他市町村が適当と認める法人に**委託することができる**。

4 ○ 一般介護予防事業には、リハビリ専門職等による地域ケア会議や住民運営の通いの場等への助言等を実施する地域リハビリテーション活動支援事業が**含まれる**。

5 ○ 一般介護予防事業には、介護予防に関するボランティア等の人材の育成を行う地域介護予防活動支援事業が**含まれる**。

6 正答 3、5

➡ P.16、17

1 × 家族介護支援事業は、**任意事業**に含まれる。

2 × 一般介護予防事業は、**介護予防・日常生活支援総合事業**に含まれる。

3 ○ 在宅医療・介護連携推進事業は、**包括的支援事業**に含まれる。

4 × **保健福祉事業**は、地域支援事業とは別に、第1号被保険者の保険料を財源として、市町村が行うことができる事業である。

5 ○ 生活支援体制整備事業は、**包括的支援事業**に含まれる。

（第 24 回問題 8）

7 共生型サービスの指定の対象となる介護保険サービスとして正しいものはどれか。**3 つ**選べ。

1　地域密着型通所介護

2　介護予防短期入所生活介護

3　通所リハビリテーション

4　訪問介護

5　定期巡回・随時対応型訪問介護看護

（第 24 回問題 10）

8 介護支援専門員について正しいものはどれか。**3 つ**選べ。

1　その業務を行うに当たり、関係者から請求があったときは、介護支援専門員証を提示しなければならない。

2　他の都道府県へ登録を移転する場合には、移転先の都道府県知事が実施する介護支援専門員実務研修を受講しなければならない。

3　介護支援専門員証の有効期間は、5 年である。

4　その業務のために正当な理由がある場合に限り、その名義を他人に使用させることができる。

5　介護支援専門員であった者は、退職後においても、正当な理由なしに、その業務に関して知り得た人の秘密を漏らしてはならない。

（第 25 回問題 6）

9 介護支援専門員について正しいものはどれか。**3 つ**選べ。

1　登録を受けている者が死亡した場合には、その相続人はその旨を届け出なければならない。

2　登録の申請の 10 年前に居宅サービスにおいて不正な行為をした者は、登録を受けることができない。

3　都道府県知事は、信用を傷つけるような行為をした介護支援専門員の登録を消除することができる。

4　介護支援専門員証の交付を受けていなくても、業務に従事することができる。

5　更新研修を受けた者は、介護支援専門員証の有効期間を更新することができる。

7 正答 1、2、4

➡ P.18、19

1 ○ 地域密着型通所介護は、共生型サービスの指定の**対象となる**。

2 ○ 介護予防短期入所生活介護は、共生型サービスの指定の**対象となる**。

3 × 通所リハビリテーションは、共生型サービスの指定の**対象とならない**。

4 ○ 訪問介護は、共生型サービスの指定の**対象となる**。

5 × 定期巡回・随時対応型訪問介護看護は、共生型サービスの指定の**対象とならない**。

8 正答 1、3、5

➡ P.20、21

1 ○ 介護支援専門員は、関係者から請求があったときは、介護支援専門員証を**提示しなければならない**。

2 × 他の都道府県に登録を移転する場合には、移転先の都道府県知事に介護支援専門員証の交付を**申請**すればよく、研修を受ける必要まではない。

3 ○ 介護支援専門員証の有効期間は、**5**年である。

4 × 介護支援専門員証を不正に使用し、またはその名義を他人に貸して、介護支援専門員の業務のために**使用させてはならない**。

5 ○ 介護支援専門員は、正当な理由なしに、その業務に関して知り得た人の秘密を漏らしてはならず、介護支援専門員を**退職後**においても同様である。

9 正答 1、3、5

➡ P.20、21

1 ○ 登録を受けている者が死亡した場合、相続人は30日以内に、その旨を都道府県知事に**届け出なければならない**。

2 × 登録の申請前**5年**以内に居宅サービスにおいて不正な行為をした者は、登録を受けることができない。

3 ○ 介護支援専門員が**信用失墜行為の禁止**規定に違反している場合には、都道府県知事は介護支援専門員の登録を**削除することができる**。

4 × 介護支援専門員として業務に従事するためには、介護支援専門員証の交付が**必要**である。

5 ○ 介護支援専門員証の有効期間を**更新**するためには、都道府県知事が行う**更新研修**を受けなければならない。

（第 24 回問題 9）

10 都道府県知事が指定する事業者が行うサービスとして正しいものはどれか。**2 つ**選べ。

1 特定福祉用具販売

2 認知症対応型共同生活介護

3 介護予防支援

4 介護予防短期入所療養介護

5 看護小規模多機能型居宅介護

（第 25 回問題 7）

11 介護保険施設について正しいものはどれか。**2 つ**選べ。

1 介護老人福祉施設の入所定員は、50 人以上でなければならない。

2 介護老人保健施設の管理者となる医師は、都道府県知事の承認を受けなければならない。

3 2024（令和 6）年 3 月 31 日までは、新たに指定介護療養型医療施設の指定を受けることができる。

4 入所者ごとに施設サービス計画を作成しなければならない。

5 地域密着型介護老人福祉施設は、含まれる。

（第 24 回問題 19）

12 指定居宅介護支援事業について正しいものはどれか。**2 つ**選べ。

1 利用者の数が 20 人の場合には、常勤の介護支援専門員を 1 人以上置かなければならない。

2 通常の事業の実施地域を越えて、指定居宅介護支援を行ってはならない。

3 サービス担当者会議には、利用者及びその家族を必ず参加させなければならない。

4 提供した指定居宅介護支援の質の評価に関する事項を保険者に報告しなければならない。

5 サービス担当者会議において利用者の個人情報を用いる場合には、あらかじめ本人の同意を文書により得ておかなければならない。

10 正答 1、4

➡ P.22

1 ○ 特定福祉用具販売は、**都道府県知事**が指定する。

2 × 認知症対応型共同生活介護は、**市町村長**が指定する。

3 × 介護予防支援は、**市町村長**が指定する。

4 ○ 介護予防短期入所療養介護は、**都道府県知事**が指定する。

5 × 看護小規模多機能型居宅介護は、**市町村長**が指定する。

11 正答 2、4

➡ P.38 ～ 39、128 ～ 129、164 ～ 166

1 × 介護老人福祉施設の入所定員は、**30** 人以上でなければならない。

2 ○ 介護老人保健施設の管理者は、原則として**都道府県知事の承認**を受けた**医師**でなければならない。

3 × 指定介護療養型医療施設の新規の指定は、**2012（平成 24）年 4 月以降**、認められていない。

4 ○ 介護保険施設では、**入所者ごと**に施設の介護支援専門員が**施設サービス計画を作成する**。

5 × 地域密着型介護老人福祉施設は、介護保険施設に**含まれない**。介護保険施設は、介護老人福祉施設、介護老人保健施設、介護医療院（介護療養型医療施設）である。

12 正答 1、5

➡ P.30、31

1 ○ 事業所ごとに**常勤の介護支援専門員を 1 人以上**置き、利用者が 35 人以上の場合は、その端数を増すごとに 1 人を必要とする。

2 × 通常の事業の実施地域を越えて、指定居宅介護支援を行うことは**できる**。

3 × 虐待があるなど、参加が望ましくない場合は**必ずしも参加を求めない**。

4 × 保険者への報告は定められて**いない**。

5 ○ 利用者の家族の個人情報を用いる場合も同様に、あらかじめ同意を**文書**により得て**おかなければならない**。

（第 22 回再問題 9）

13

指定介護老人福祉施設について正しいものはどれか。**3 つ**選べ。

1　入所定員は、20 人以上である。

2　市町村や社会福祉法人は、設置することができる。

3　施設サービス計画に基づき介護福祉施設サービスを行う。

4　都道府県の条例で定める員数の介護支援専門員を有しなければならない。

5　管理者は、原則として医師でなければならない。

（第 22 回再問題 14）

14

介護保険法の審査請求について正しいものはどれか。**2 つ**選べ。

1　介護保険審査会が指名する委員で構成する合議体で審査を行う。

2　保険給付に関する処分又は保険料その他介護保険法の規定による徴収金に関する処分は、審査請求の対象となる。

3　介護保険審査会は、都道府県知事の指揮監督の下で裁決を行う。

4　介護保険審査会の専門調査員は、介護支援専門員のうちから任命される。

5　居宅介護支援の契約解除は、審査請求の対象となる。

（第 23 回問題 20）

15

指定居宅介護支援等の事業の人員及び運営に関する基準第 13 条の具体的取扱方針のうち介護支援専門員に係るものとして正しいものはどれか。**3 つ**選べ。

1　要介護認定を受けている利用者が要支援認定を受けたときは、指定介護予防支援事業者と当該利用者に係る必要な情報を提供する等の連携を図るものとする。

2　被保険者証に認定審査会意見の記載があるときは、利用者の理解を得た上で、その内容に沿って居宅サービス計画を作成しなければならない。

3　継続して居宅サービス計画に福祉用具貸与を位置付けるときは、貸与が必要な理由を記載しなくてもよい。

4　居宅サービス計画に地域ケア会議で定めた回数以上の訪問介護を位置付けるときは、それが必要な理由を居宅サービス計画に記載しなければならない。

5　利用者が通所リハビリテーションの利用を希望しているときは、利用者の同意を得て主治の医師等の意見を求めなければならない。

13 正答 2、3、4

➡ P.164 ～ 166

1 × 指定介護老人福祉施設の入所定員は、**30** 人以上である。

2 ○ 指定介護老人福祉施設の設置者は、原則として**地方公共団体**と社会福祉法人に限定される。**市町村**は、地方公共団体に含まれる。

3 ○ **施設サービス計画**に基づいて、入浴、排せつ、食事等の介護その他の日常生活上の世話、機能訓練、健康管理及び療養上の世話を行う。

4 ○ **都道府県の条例で定める員数の**介護支援専門員その他の指定介護老人福祉施設サービスに従事する従業者を有しなければならない。

5 × 管理者は、医師でなければならないという規定は**ない**。

14 正答 1、2

➡ P.28、29

1 ○ 審査は、原則、介護保険審査会が指名する委員で構成する**合議体**により行われる。

2 ○ 介護保険法において審査請求の対象となっているのは、**保険給付に関する処分**または**保険料その他介護保険法の規定による徴収金に関する処分**である。

3 × 介護保険審査会の裁決は、**中立性・公平性が求められる**ため、都道府県知事の指揮監督を受けるものではない。

4 × 介護保険審査会の専門調査員は、**保健・医療・福祉の学識経験者**から任命される。介護支援専門員に限られるわけではない。

5 × 肢 2 の解説の通り、居宅介護支援の契約解除は、**審査請求の対象とはならない**。

15 正答 1、2、5

➡ P.30 ～ 33

1 ○ 介護予防支援事業者が速やかに適切な介護予防サービス計画の作成ができるよう、**必要な情報を提供する**等の連携を図る。

2 ○ 認定審査会意見が被保険者証に記されているときは、利用者の理解を得た上で、**その内容に沿って**居宅サービス計画を作成する必要がある。

3 × その必要性を検証したうえで、その理由を居宅サービス計画に**記載しなければならない**とされている。

4 × **厚生労働省令**で定める回数以上の訪問介護を位置付ける場合である。

5 ○ 通所リハビリテーション等の**医療サービス**の希望があるときは、利用者の同意を得て**主治の医師**等の意見を求めなければならないとされている。

（第 26 回問題 20）

16 指定居宅介護支援について正しいものはどれか。**3 つ**選べ。

1 介護支援専門員は、居宅サービス計画書の作成に当たっては、地域の住民による自発的な活動によるサービス等の利用も含めて居宅サービス計画上に位置付けるよう努めなければならない。

2 事業者は、利用者の人権の擁護、虐待の防止等のため必要な体制の整備を行わなければならない。

3 指定居宅介護支援の提供に当たっては、公正中立に行われなければならない。

4 介護支援専門員の連絡調整の対象は、指定居宅サービス事業者に限定される。

5 事業者の連携の対象には、障害者総合支援法の指定特定相談支援事業者は含まれない。

（第 23 回問題 22）

17 指定居宅介護支援におけるサービス担当者会議について適切なものはどれか。**3 つ**選べ。

1 家庭内暴力がある場合には、必ずしも利用者や家族の参加を求めるものではない。

2 開催の日程調整を行ったが、サービス担当者の事由により参加が得られなかったときは、サービス担当者への照会等により意見を求めることができる。

3 末期の悪性腫瘍の利用者について、日常生活上の障害が 1 か月以内に出現すると主治の医師が判断した場合には、その助言を得た上で、サービス担当者への照会等により意見を求めることができる。

4 サービス担当者会議の記録は、要介護認定の有効期間に合わせて最長 3 年間保存しなければならない。

5 要介護更新認定の結果、要介護状態区分に変更がなかった場合には、サービス担当者会議を開催する必要はない。

16 正答 1、2、3

➡ P.32

1 ○ 地域住民による自発的な活動によるサービス等の利用も含めた**総合的**な居宅サービス計画の作成に努めなければならない。

2 ○ 利用者の人権の擁護、虐待の防止等のために、必要な体制の**整備**を行うとともに、その従業者に対し、**研修**を実施する等の措置を講じなければならない。

3 ○ 居宅サービス等が特定の種類または特定の事業者に不当に偏ることのないよう、**公正中立**に行われなければならない。

4 × 介護支援専門員の連絡調整の対象は、「指定居宅サービス事業者等」であり、指定居宅サービス事業者に**限定されない**。

5 × 事業者の連携の対象には、市町村や地域包括支援センター、老人介護支援センター、介護保険施設などのほかに障害者総合支援法の指定特定相談支援事業者が**含まれる**。

17 正答 1、2、3

➡ P.34、35

1 ○ 家庭内暴力がある場合等は、**参加しなくてもよい**。

2 ○ 開催の日程調整を行ったが、サービス担当者の事由により参加が得られなかった等のやむを得ない理由がある場合については、**サービス担当者への照会等**により意見を求めることができる。

3 ○ ケアマネジメントプロセスを簡素化するため、サービス担当者への照会等によって意見を**求めることができる**。

4 × **サービス完結の日から 2 年間**保存しなければならない。

5 × 要介護更新認定を受けた場合は、原則として**開催しなければならない**。

（第 22 回再問題 8）

18 指定介護予防支援事業者について正しいものはどれか。**3 つ**選べ。

1　運営等の基準に違反する場合の勧告に従わないときは、市町村長は、その旨を公表することができる。

2　管理者は、非常勤でもよい。

3　事業所ごとに介護支援専門員を有しなければならない。

4　介護予防サービス計画には、地域住民による自発的な活動によるサービス等の利用を位置付けるよう努めなければならない。

5　指定介護予防支援の一部を委託する場合には、地域包括支援センター運営協議会の議を経なければならない。

（第 22 回再問題 20）

19 介護予防サービス計画の作成について正しいものはどれか。**3 つ**選べ。

1　指定介護予防支援事業者の管理者が、自ら作成しなければならない。

2　「利用者が目標とする生活」を記載しなければならない。

3　「専門的観点からの目標と具体策」を記載しなければならない。

4　アセスメントには、「運動及び移動」の状況の把握は含まない。

5　アセスメントには、「家庭生活を含む日常生活」の状況の把握を含む。

（第 26 回問題 22）

20 指定介護老人福祉施設の施設サービス計画について正しいものはどれか。**2 つ**選べ。

1　モニタリングは、少なくとも月に 1 回行わなければならない。

2　アセスメントは、入所者及びその家族に面接して行わなければならない。

3　計画の交付は、家族に行えばよい。

4　地域の住民による自発的な活動によるサービス等の利用も含めて位置付けるよう努めなければならない。

5　介護支援専門員以外の者も作成できる。

18 正答 1、4、5

➡ P.36、37

1 ○ 市町村長は、指定介護予防支援事業者が運営等の基準に違反する場合の勧告に期限内に従わないときは、その旨を**公表することができる**。

2 × 指定介護予防支援事業所の管理者は、**常勤**でなければならない。

3 × 事業所ごとに、保健師もしくは介護支援専門員、社会福祉士、経験のある看護師、高齢者保健福祉に関する相談業務等に 3 年以上従事した社会福祉主事のうち**いずれかの要件を満たす者**を配置しなければならない。

4 ○ 介護予防サービス計画の作成にあたっては、予防給付対象サービス以外の保健医療サービス又は福祉サービス、**地域住民による自発的な活動によるサービス等**の利用も含めて介護予防サービス計画上に位置付けるよう努めなければならない。

5 ○ 指定介護予防支援の委託にあたっては、地域包括支援センター運営協議会の議を経る**必要がある**。

19 正答 2、3、5

➡ P.36、37

1 × 介護予防支援事業者の**担当職員**が作成する。

2 ○ 利用者の自立に向けて、利用者が**目標**とする生活を記載しなければならない。

3 ○ 専門的観点からの**目標**と**具体策**を記載しなければならない。

4 × アセスメントの 4 つの課題分析領域に「運動及び移動」は**含まれる**。

5 ○ アセスメントの 4 つの課題分析領域に「家庭生活を含む日常生活」は**含まれる**。

20 正答 2、4

➡ P.38

1 × モニタリングは、**定期的**に行わなければならない。具体的な頻度の規定はない。

2 ○ アセスメントは、**入所者**とその**家族**に面接して行わなければならない。

3 × 計画の交付は、**入所者**に対して行う。

4 ○ 地域住民による自発的な活動によるサービス等の利用も含めた**総合的な計画**の作成に努めなければならない。

5 × 施設サービス計画の作成は、介護支援専門員以外の者は**できない**。

（第 25 回問題 5）

21 介護保険の被保険者資格の取得及び喪失について正しいものはどれか。**2 つ**選べ。

1 医療保険加入者が 40 歳に達したとき、住所を有する市町村の被保険者資格を取得する。

2 第 1 号被保険者が生活保護の被保護者となった場合は、被保険者資格を喪失する。

3 入所前の住所地とは別の市町村に所在する養護老人ホームに措置入所した者は、その養護老人ホームが所在する市町村の被保険者となる。

4 居住する市町村から転出した場合は、その翌日から、転出先の市町村の被保険者となる。

5 被保険者が死亡した場合は、その翌日から、被保険者資格を喪失する。

（第 24 回問題 4 改題）

22 介護保険の第 2 号被保険者について正しいものはどれか。**2 つ**選べ。

1 第 2 号被保険者は、市町村の区域内に住所を有する 40 歳以上 65 歳未満の者すべてである。

2 第 2 号被保険者のうち保険給付の対象者は、特定疾病を原因として要支援・要介護状態になった者である。

3 第 2 号被保険者の保険料は、被保険者が住所を有する市町村が徴収する。

4 第 2 号被保険者の保険料は、地域支援事業の任意事業の財源には充当されない。

5 第 2 号被保険者は、要介護 3 以上であっても、指定介護老人福祉施設には入所できない。

（第 22 回再問題 6）

23 介護保険の被保険者資格について正しいものはどれか。**2 つ**選べ。

1 65 歳の誕生日に第 1 号被保険者となる。

2 医療保険に加入している生活保護受給者は、第 2 号被保険者とはならない。

3 海外に長期滞在しており、日本に住民票がない日本国籍を持つ 70 歳の者は、第 1 号被保険者とはならない。

4 医療保険に加入していない 70 歳の者は、第 1 号被保険者となる。

5 刑事施設に拘禁されている者は、被保険者とはならない。

21 正答 **1、5**

➡ P.40 ～ 42

1 ○ 医療保険加入者が **40 歳**に達したとき（誕生日の前日）に、第 2 号被保険者資格を取得する。

2 × 第 1 号被保険者は生活保護の被保護者となっても、介護保険の被保険者資格は喪失**しない**。

3 × 養護老人ホームは**適用除外施設**であり、当該養護老人ホームに入所する前の住所地の被保険者となる。

4 × その**当日**から、転出先の市町村の被保険者となる。

5 ○ 被保険者が死亡した場合は、その日の**翌日**に被保険者資格を喪失する。

22 正答 **2、4**

➡ P.40、41、67

1 × 市町村の区域内に住所を有する 40 歳以上 65 歳未満の者であって**医療保険加入者**である。

2 ○ 第 2 号被保険者のうち保険給付の対象者は、**特定疾病**を原因として要介護状態等になった者である。

3 × 第 2 号被保険者の保険料は、**医療保険者**が、医療保険料に上乗せして徴収する。

4 ○ 第 2 号被保険者の保険料は、地域支援事業の**包括的支援事業**と**任意事業**の財源には充当されない。

5 × **要介護 3** 以上であれば入所できる。

23 正答 **3、4**

➡ P.40、41

1 × 年齢到達による資格取得時期は、法律上、誕生日の**前日**を意味する。

2 × 40 歳以上 65 歳未満の場合、医療保険の加入者であることが介護保険加入の要件となっているため、医療保険に加入している生活保護受給者は、**第 2 号被保険者**となる。

3 ○ 日本国籍で日本に住民票がない者は、介護保険の**被保険者とならない**。

4 ○ 65 歳以上の場合、**医療保険の加入・非加入を問わず**第 1 号被保険者となる。

5 × 刑事施設に拘禁された者については、その期間に係る介護給付等は行われないが、**被保険者資格を失うわけではない**。

（第 22 回再問題 5）

24 介護保険制度における住所地特例の適用があるものはどれか。**3 つ**選べ。

1　養護老人ホーム

2　介護医療院

3　認知症対応型共同生活介護

4　地域密着型介護老人福祉施設

5　有料老人ホーム

（第 25 回問題 17）

25 介護保険における特定疾病として正しいものはどれか。**3 つ**選べ。

1　関節リウマチ

2　慢性肝疾患

3　潰瘍性大腸炎

4　脳血管疾患

5　骨折を伴う骨粗鬆症

（第 26 回問題 18）

26 要介護認定の申請について正しいものはどれか。**2 つ**選べ。

1　被保険者は、介護認定審査会に申請しなければならない。

2　地域包括支援センターは、申請に関する手続を代行することができる。

3　介護保険施設は、入所者の更新認定の申請に限って代行することができる。

4　要介護状態区分の変更申請には、医師の診断書を添付しなければならない。

5　更新認定の申請は、有効期間満了の日の 60 日前から行うことができる。

24 正答 1、2、5

➡ P.42

1 ○ 養護老人ホームは、住所地特例対象施設に**含まれる**。

2 ○ 介護医療院は、住所地特例対象施設に**含まれる**。

3 × 認知症対応型共同生活介護は、住所地特例対象施設に**含まれない**。

4 × 地域密着型介護老人福祉施設は、住所地特例対象施設に**含まれない**。

5 ○ 有料老人ホームは、住所地特例対象施設に**含まれる**。

25 正答 1、4、5

➡ P.45

1 ○ 関節リウマチは、特定疾病に**含まれる**。

2 × 慢性肝疾患は、特定疾病に**含まれない**。

3 × 潰瘍性大腸炎は、指定難病の一つであるが、特定疾病に**含まれない**。

4 ○ 脳血管疾患は、特定疾病に**含まれる**。

5 ○ 骨折を伴う骨粗鬆症は、特定疾病に**含まれる**。

26 正答 2、5

➡ P.45、51

1 × 被保険者は、**市町村**に申請しなければならない。

2 ○ 地域包括支援センターは、申請代行をすることが**できる**。

3 × 介護保険施設は、**新規申請**の代行もすることができる。

4 × 要介護状態区分の変更申請では、新規申請時と同様に、医師の診断書の添付は**不要**である。

5 ○ 更新認定の申請は、有効期間満了日の**60**日前から可能である。

（第 24 回問題 16）

27 要介護認定の認定調査について正しいものはどれか。**3 つ**選べ。

1 認定調査は、介護保険法に基づき都道府県に委託することができる。

2 新規認定の調査は、市町村の担当職員が行う。

3 更新認定の調査は、介護支援専門員に委託することができる。

4 被保険者が正当な理由なく認定調査に応じない場合には、市町村は申請を却下することができる。

5 要介護認定の申請後、認定調査の前に受けた介護サービスは、保険給付の対象にならない。

（第 23 回問題 19）

28 要介護認定に係る主治医意見書について正しいものはどれか。**3 つ**選べ。

1 主治医意見書の項目には、社会生活への適応が含まれる。

2 主治医意見書の項目には、認知症の中核症状が含まれる。

3 主治医意見書の項目には、サービス利用による生活機能の維持・改善の見通しが含まれる。

4 介護認定審査会に通知される。

5 要介護認定を受けようとする被保険者は、申請書に添付しなければならない。

（第 25 回問題 18）

29 要介護認定について正しいものはどれか。**2 つ**選べ。

1 要介護認定等基準時間は、実際の介護時間とは異なる。

2 要介護認定等基準時間は、同居家族の有無によって異なる。

3 要介護認定等基準時間の算出根拠は、1 分間タイムスタディである。

4 指定居宅介護支援事業者は、新規認定の調査を行える。

5 認定調査票の特記事項は、一次判定で使用する。

27 正答 2、3、4

➡ P.46、50、51

1 × 認定調査は、原則として市町村職員が行い、都道府県への委託は、新規・更新ともに**できない**。

2 ○ 新規認定の調査は、原則として**市町村職員**が行う。

3 ○ **更新認定**の調査においては、介護支援専門員に委託することが**できる**。

4 ○ 主治医意見書のための診断命令に従わないときも申請を却下することが**できる**。

5 × 要介護認定は、申請日にさかのぼって効力が生じる（**遡及効**）ため、認定調査前に受けた介護サービスも、保険給付の対象に**なる**。

28 正答 2、3、4

➡ P.44、47

1 × 主治医意見書の項目に含まれるのは、**傷病に関する意見**、**特別な医療**、**心身の状態に関する意見**、**生活機能とサービスに関する意見**、**特記すべき意見**である。

2 ○ 肢 1 の解説の心身の状態に関する意見のなかで、**含まれている**。

3 ○ 肢 1 の解説の生活機能とサービスに関する意見のなかで、**含まれている**。

4 ○ 市町村により、**一次判定**の結果とあわせて通知され、審査及び判定が行われる。

5 × 被保険者が、申請書に添付するのは、**被保険者証**である。

29 正答 1、3

➡ P.48、49

1 ○ 要介護認定等基準時間は、あくまで介護の必要度合いを把握するための**指標**になるもので、実際の介護時間とは異なる。

2 × 要介護認定等基準時間にかかる基本調査項目に、同居家族の有無は**含まれない**。

3 ○ 基本調査の調査項目などと **1 分間タイムスタディ**を組み合わせた樹形モデルを用いて、要介護認定等基準時間が算定される。

4 × 指定居宅介護支援事業者が委託を受けて認定調査を行えるのは、**更新認定**のみである。

5 × 認定調査の特記事項は、**二次**判定で使用する。

（第 22 回再問題 17）

30 要介護認定の認定調査票（基本調査）について正しいものはどれか。**2 つ**選べ。

1　点滴の管理は、含まれない。

2　徘徊は、含まれない。

3　買い物は、含まれる。

4　外出頻度は、含まれる。

5　身体障害者障害程度等級は、含まれる。

（第 22 回再問題 4）

31 介護保険制度における保険事故として正しいものはどれか。**3 つ**選べ。

1　40 歳の人が、重いうつ病となり、家事が困難な状態になった。

2　50 歳の人が、業務上の事故により、常時臥床の状態になった。

3　60 歳の人が、末期のがんと診断され、食事や排泄に介護を要する状態になった。

4　65 歳の人が、交通事故で両下肢麻痺となり、移動に介護を要する状態になった。

5　70 歳の人が、転倒により腰椎を骨折して、入浴などに介護を要する状態になった。

（第 23 回問題 18）

32 介護認定審査会について正しいものはどれか。**3 つ**選べ。

1　審査及び判定の結果を申請者に通知する。

2　委員は、要介護者等の保健、医療又は福祉に関する学識経験を有する者のうちから任命される。

3　要介護認定の有効期間を定める。

4　必要があると認めるときは、主治の医師の意見を聴くことができる。

5　委員は、職務上知り得た秘密を漏らしてはならない。

30 正答 3、4

➡ P.47

1 × 点滴の管理は、基本調査項目の特別な医療に**含まれる**。

2 × 徘徊は、基本調査項目の認知機能に**含まれる**。

3 ○ 買い物は、基本調査項目の社会生活への適応に**含まれる**。

4 ○ 外出頻度は、基本調査項目の生活機能に**含まれる**。

5 × 身体障害者障害程度等級は、**含まれない**。

31 正答 3、4、5

➡ P.45

1 × うつ病は、第2号被保険者における特定疾病には**該当しない**ため、保険事故に**該当しない**。

2 × 業務上の事故は、第2号被保険者における特定疾病には**該当しない**ため、保険事故に**該当しない**。

3 ○ 末期のがんは、第2号被保険者における特定疾病に**該当する**ため、保険事故に**該当する**。

4 ○ 65歳の人は第1号被保険者に**該当する**ため、介護を要する状態になった場合は、保険事故に**該当する**。

5 ○ 70歳の人は第1号被保険者に**該当する**ため、介護を要する状態になった場合は、保険事故に**該当する**。

32 正答 2、4、5

➡ P.49 ～ 51

1 × 審査及び判定の結果を申請者に通知するのは、**市町村**である。

2 ○ 委員は、**保健・医療・福祉の学識経験者**から市町村長が任命する。

3 × 要介護認定の有効期間を定めるのは、市町村である。介護認定審査会は**意見を付すことができる**。

4 ○ 主治医の意見のほか、その他の関係者、被保険者、その家族の意見を聴くことが**できる**。

5 ○ 委員には、**守秘義務**が課せられる。

（第 22 回再問題 18）

33 介護認定審査会について正しいものはどれか。**3 つ**選べ。

1　原則として、保険者である市町村の職員は委員となることができない。

2　委員の定数は、被保険者数に応じて都道府県が定める。

3　委員は、市町村長が任命する。

4　複数の市町村で共同設置することはできない。

5　必要に応じて、審査対象者の家族の意見を聞くことができる。

（第 23 回問題 17）

34 被保険者の要介護認定を市町村が取り消すことができる場合として正しいものはどれか。**2 つ**選べ。

1　正当な理由なしに、介護給付等対象サービスの利用に関する指示に従わないことにより、要介護状態の程度を増進させたとき。

2　要介護者に該当しなくなったと認めるとき。

3　正当な理由なしに、市町村による文書の提出の求めに応じないとき。

4　災害などの特別の事情がある場合を除き、1 年間介護保険料を納付しないとき。

5　正当な理由なしに、職権による要介護状態区分の変更認定を行うための市町村による調査に応じないとき。

（第 26 回問題 19）

35 要介護認定について正しいものはどれか。**2 つ**選べ。

1　認定調査は申請者と面接して行わなければならないと、介護保険法に規定されている。

2　申請者が遠隔地に居住する場合には、認定調査を他の市町村に嘱託することができる。

3　新規認定の調査は、指定市町村事務受託法人に委託することができない。

4　一次判定は、認定調査票の基本調査の結果及び特記事項と主治医意見書に基づいて行う。

5　審査及び判定の基準は、市町村が定める。

33 正答 1、3、5

➡ P.49

1 ○ 審査判定の公平性を確保するため、原則として市町村の職員は**委員にはなれない**。

2 × 委員の定数は、**市町村の条例**によって定められる。

3 ○ 委員は、**市町村長**が任命する保健・医療・福祉の学識経験者から構成される。

4 × 委員の確保や認定事務業務の効率化等から、複数の市町村による**共同設置**等による広域的な実施が認められている。

5 ○ 必要があれば、審査対象者の**家族**、主治医等の関係者から意見を聞くことができる。

34 正答 2、5

➡ P.51

1 × 要介護認定を取り消すことができるのは、①**要介護者に該当しなくなったと認めるとき**、②正当な理由なく、職権による要介護状態区分の変更認定または認定の取消を行うための**市町村による調査に応じないとき**、③**主治医意見書のための診断命令に従わないとき**である。

2 ○ 肢 1 の解説の通り、要介護認定の取消しに**該当する**。

3 × 肢 1 の解説の通り、要介護認定の取消しに**該当しない**。

4 × 肢 1 の解説の通り、要介護認定の取消しに**該当しない**。

5 ○ 肢 1 の解説の通り、要介護認定の取消しに**該当する**。

35 正答 1、2

➡ P.46 ～ 49

1 ○ 申請者と**面接**して、その心身の状況、その置かれている環境その他厚生労働省令で定める事項について調査を行わなければならない（同法第 27 条第 2 項）。

2 ○ 市町村は、申請者が遠隔地に居住する場合は、認定調査を他の市町村に嘱託することが**できる**。

3 × 新規認定の調査は、指定市町村事務受託法人に委託することが**できる**。

4 × 一次判定は、認定調査票の**基本調査**の結果に基づいて行う。

5 × 審査及び判定の基準は、**国**が定める。

（第 23 回問題 4）

36 介護保険制度における都道府県の事務として正しいものはどれか。**2 つ**選べ。

1 財政安定化基金の設置

2 地域支援事業支援交付金の交付

3 第 2 号被保険者負担率の設定

4 介護保険審査会の設置

5 介護給付費等審査委員会の設置

（第 23 回問題 7）

37 介護サービスに係る利用者負担が高額となった場合の取扱いについて正しいものはどれか。**3 つ**選べ。

1 高額介護サービス費の負担上限額は、被保険者の家計に与える影響を考慮して、段階的に設定されている。

2 高額介護サービス費の負担上限額を超えた利用料は、常に現物給付となるため、利用者が直接事業者に支払う必要はない。

3 高額介護サービス費は、世帯単位で算定される。

4 施設介護サービス費に係る利用者負担は、高額介護サービス費の対象となる。

5 高額医療合算介護サービス費は、医療保険から支給される。

（第 26 回問題 15）

38 介護サービス情報の公表制度において、介護サービスの提供開始時に事業者が都道府県知事へ報告すべき情報として規定されているものはどれか。**3 つ**選べ。

1 従業者の個人情報保護等のために講じる措置

2 従業者の教育訓練の実施状況

3 年代別の従業者の数

4 従業者の労働時間

5 従業者の健康診断の実施状況

36 正答 1、4

➡ P.53

1 ○ 財政安定化基金の設置は、**都道府県**の事務である。

2 × 地域支援事業支援交付金の交付は、**社会保険診療報酬支払基金**の業務である。

3 × 第 2 号被保険者負担率の設定は、**国**の事務である。

4 ○ 介護保険審査会の設置や運営は、**都道府県**の事務である。

5 × 介護給付費等審査委員会の設置は、**国民健康保険団体連合会**の業務である。

37 正答 1、3、4

➡ P.65、66

1 ○ 高額介護サービス費の負担上限額は、**所得**に応じて、**段階的に**設定されている。

2 × 高額介護サービス費の負担上限額を超えた利用料の給付方法は、現物給付ではなく、**償還払い**である。

3 ○ 介護サービスを利用した**世帯全員**の負担合計額で算定される。

4 ○ **施設サービス費**のほか、居宅サービス費と地域密着型サービス費も対象となる。

5 × 高額医療合算介護サービス費は、**医療保険**と**介護保険の双方**から、償還払いで支給される。

38 正答 2、4、5

➡ P.54、55

1 × 従業者の個人情報保護等のために講じる措置は、介護サービスの提供開始時に報告すべき情報に**規定されていない**。

2 ○ 従業者の教育訓練の実施状況は、介護サービスの提供開始時に報告すべき情報に**規定されている**。

3 × 年代別の従業者の数は、介護サービスの提供開始時に報告すべき情報に**規定されていない**。

4 ○ 従業者の労働時間は、介護サービスの提供開始時に報告すべき情報に**規定されている**。

5 ○ 従業者の健康診断の実施状況は、介護サービスの提供開始時に報告すべき情報に**規定されている**。

（第 22 回再問題 15）

39 介護サービス情報の公表制度について正しいものはどれか。**3 つ**選べ。

1 国民健康保険団体連合会は、報告された内容が事実かどうかを調査しなければならない。

2 介護サービス事業者のうち、指定地域密着型サービス事業者は、介護サービス情報を市町村長に報告しなければならない。

3 都道府県知事は、介護サービス事業者が相談・苦情等の対応のために講じている措置を公表しなければならない。

4 都道府県知事は、介護サービス事業者が介護サービスの質の確保のために総合的に講じている措置を公表しなければならない。

5 都道府県知事は、介護サービス事業者が利用者の権利擁護等のために講じている措置を公表しなければならない。

（第 25 回問題 13）

40 介護保険法で定める国民健康保険団体連合会が行う業務として正しいものはどれか。**3 つ**選べ。

1 介護給付費交付金の交付

2 市町村から委託を受けて行う介護予防・日常生活支援総合事業に関する費用の審査及び支払

3 介護給付費等審査委員会の設置

4 指定居宅介護支援事業所への強制権限を伴う立入検査

5 市町村から委託を受けて行う第三者行為求償事務

（第 24 回問題 12）

41 介護保険の費用の負担について正しいものはどれか。**3 つ**選べ。

1 介護給付及び予防給付に要する費用の 50%は、公費により賄われる。

2 施設等給付に係る都道府県の負担割合は、17.5%である。

3 調整交付金は、国が全額負担する。

4 普通調整交付金は、すべての市町村に一律に交付される。

5 特別調整交付金は、第 1 号被保険者総数に占める後期高齢者の加入割合などにより、市町村ごとに算定される。

39 正答 3、4、5

➡ P.54、55

1 × 調査をするのは、**都道府県知事**または**指定調査機関**である。

2 × 指定地域密着型サービス事業者も指定居宅サービス事業者等と同様に、介護サービス情報を**都道府県知事**に報告しなければならない。

3 ○ 介護サービス事業者が相談・苦情等の対応のために講じている措置は**運営情報**に含まれ、都道府県知事は**公表しなければならない**。

4 ○ 介護サービス事業者が介護サービスの質の確保のために総合的に講じている措置は**運営情報**に含まれ、都道府県知事は**公表しなければならない**。

5 ○ 介護サービス事業者が利用者の権利擁護等のために講じている措置は**運営情報**に含まれ、都道府県知事は**公表しなければならない**。

40 正答 2、3、5

➡ P.56

1 × 介護給付費交付金の交付を行うのは、**社会保険診療報酬支払基金**である。

2 ○ 国民健康保険団体連合会が行う業務に**含まれる**。

3 ○ 国民健康保険団体連合会が行う業務に**含まれる**。

4 × 居宅介護支援事業所への強制権限を伴う立入検査を行うのは、**市町村**である。

5 ○ 国民健康保険団体連合会が行う業務に**含まれる**。

41 正答 1、2、3

➡ P.58、59

1 ○ 介護給付及び予防給付に要する費用の 50%は、国と都道府県、市町村が負担する**公費**により賄われる。

2 ○ 施設等給付に係る公費の負担割合は、国が 20%、都道府県が **17.5%**、市町村が 12.5%である。

3 ○ 国の負担分は、定率の負担金と、市町村の財政力の格差を調整するために支給される**調整交付金**で構成される。

4 × 普通調整交付金は、75 歳以上の後期高齢者の加入割合や、第 1 号被保険者の所得の分布状況によって算定され、市町村によって**異なる**。

5 × 本肢は、**普通調整交付金**の記述である。**特別調整交付金**は、災害時における保険料減免などの保険者の責によらない事由に応じた調整を行うものである。

（第 25 回問題 14）

42 介護サービス情報の公表制度について正しいものはどれか。**3 つ**選べ。

1 原則として、介護サービス事業者は、毎年、介護サービス情報を報告する。

2 指定居宅介護支援事業者は、介護サービス情報をその事業所の所在地の市町村長に報告する。

3 介護サービス情報の公表は、事業所又は施設の所在地の国民健康保険団体連合会が行う。

4 職種別の従業者の数は、公表すべき事項に含まれる。

5 指定居宅サービス事業者が報告内容の是正命令に従わないときには、指定を取り消されることがある。

（第 24 回問題 11）

43 財政安定化基金について正しいものはどれか。**2 つ**選べ。

1 市町村は、財政安定化基金を設けるものとする。

2 その財源の負担割合は、国 2 分の 1、都道府県 4 分の 1、市町村 4 分の 1 である。

3 財政安定化基金から生ずる収入は、すべて財政安定化基金に充てなければならない。

4 その財源には、第 2 号被保険者の保険料も充当する。

5 給付費の増大により市町村の介護保険財政に不足が見込まれる場合には、必要な額を貸し付ける。

（第 22 回再問題 7）

44 介護保険法において現物給付化されている保険給付として正しいものはどれか。**2 つ**選べ。

1 居宅介護福祉用具購入費の支給

2 施設介護サービス費の支給

3 居宅介護住宅改修費の支給

4 特定入所者介護サービス費の支給

5 高額介護サービス費の支給

42 正答 1、4、5

➡ P.54、55

1 ○ 原則として、介護サービス事業者・施設は、**毎年**、介護サービス情報を報告しなければならない。

2 × 報告先は、市町村長ではなく、**都道府県知事**である。

3 × 介護サービス情報の公表は、**都道府県知事**が行う。

4 ○ 職種別の従業者の数は、公表すべき介護サービスの基本情報に**含まれる**。

5 ○ 都道府県知事は、報告内容の是正命令に従わない場合は、介護サービス事業者に対して**指定の取り消し**などを行うことができる。

43 正答 3、5

➡ P.60、61

1 × **都道府県**は財政安定化基金を設ける。

2 × 負担割合は、国、都道府県、市町村それぞれ **3 分の 1** である。

3 ○ 財政安定化基金から生ずる収入は、すべて**財政安定化基金**に充てなければならない。

4 × 財源に充当されるのは**第 1 号被保険者**の保険料である。

5 ○ 市町村の介護保険財政に不足が見込まれる場合には、**必要な額**を貸し付ける。

44 正答 2、4

➡ P.62、63

1 × **償還払い**である。

2 ○ 介護保険法では、居宅介護サービス費、地域密着型介護サービス費、居宅介護サービス計画費、**施設介護サービス費**、**特定入所者介護サービス費**については、**現物給付化**されている。

3 × **償還払い**である。

4 ○ 肢 2 の解説の通り、**現物給付化**されている。

5 × **償還払い**である。

（第 23 回問題 7）

45 介護サービスに係る利用者負担が高額となった場合の取扱いについて正しいものはどれか。**3 つ**選べ。

1 高額介護サービス費の負担上限額は、被保険者の家計に与える影響を考慮して、段階的に設定されている。

2 高額介護サービス費の負担上限額を超えた利用料は、常に現物給付となるため、利用者が直接事業者に支払う必要はない。

3 高額介護サービス費は、世帯単位で算定される。

4 施設介護サービス費に係る利用者負担は、高額介護サービス費の対象となる。

5 高額医療合算介護サービス費は、医療保険から支給される。

（第 25 回問題 10）

46 介護保険における第 1 号被保険者の保険料について正しいものはどれか。**3 つ**選べ。

1 政令で定める基準に従い市町村が条例で定める。

2 保険料率は、おおむね 5 年を通じ財政の均衡を保つことができるものでなければならない。

3 普通徴収の方法によって徴収する保険料については、世帯主に連帯納付義務がある。

4 普通徴収の方法によって徴収する保険料の納期は、政令で定める。

5 条例で定めるところにより、特別の理由がある者に対し、保険料を減免し、又はその徴収を猶予することができる。

（第 23 回問題 11）

47 介護保険料について正しいものはどれか。**2 つ**選べ。

1 普通徴収による第 1 号被保険者の保険料については、その配偶者に連帯納付義務がある。

2 第 1 号被保険者の保険料に係る特別徴収は、社会保険診療報酬支払基金が行う。

3 国民健康保険に加入する第 2 号被保険者の保険料は、都道府県が徴収する。

4 所得段階別定額保険料の所得区分は原則として 9 段階であるが、市町村の条例でさらに細分化することができる。

5 第 2 号被保険者負担率は、市町村が条例で定める。

45 正答 1、3、4

➡ P.65

1 ○ 被保険者の**家計に与える影響**を考慮し設定される。

2 × **償還払い**である。

3 ○ **世帯単位**で算定される。

4 ○ 施設介護サービス費は、高額介護サービス費の**対象**である。

5 × **医療保険**と**介護保険**の各保険者が支給する。

46 正答 1、3、5

➡ P.67、69

1 ○ 第１号被保険者の保険料は、**政令**で定める基準に従って３年ごとに**市町村**が定める。

2 × 保険料率は、おおむね **3 年**を通じ財政の均衡を保つことができるものでなければならない。

3 ○ 普通徴収の方法によって徴収する保険料については、配偶者および**世帯主**に対して、保険料の連帯納付義務が課せられている。

4 × 普通徴収の方法によって徴収する保険料の納期は、**市町村**が**条例**で定める。

5 ○ 市町村は、災害による負担能力の低下等の特別の理由があるものに対し、条例により保険料の減免や徴収の猶予をすることが**できる**。

47 正答 1、4

➡ P.67、68

1 ○ 普通徴収の場合には、第１号被保険者の**配偶者**および世帯主に、連帯して納付する義務が課せられている。

2 × 特別徴収は、**年金保険者**が年金から天引きして市町村に納める。

3 × 第２号被保険者の保険料は、各医療保険者が、医療保険料に上乗せして徴収する。国民健康保険の保険者は、市町村と都道府県であり、保険料は**市町村**が徴収する。

4 ○ 市町村は条例により、原則は９段階である所得区分を**細分化**したり、各段階の保険料率を変更したりすることができる。

5 × 第２号被保険者負担率は、**国**が定める。

（第 24 回問題 26）

1 高齢者にみられる疾病・病態について適切なものはどれか。**3 つ**選べ。

1 薬疹は、薬剤服用後 1 ～ 2 か月で出ることが多い。

2 高齢者の肺炎は、再発・再燃を繰り返して難治化することがある。

3 白内障は、水晶体の混濁により視力低下をきたす。

4 脱水があっても、めまいやふらつきは生じない。

5 ナトリウムが欠乏していても、嘔気や頭痛などの自覚症状がないこともある。

（第 26 回問題 32）

2 次の記述のうち、より適切なものはどれか。**3 つ**選べ。

1 高齢者は、急激な環境の変化があっても、環境への適応力は高い。

2 せん妄の有病率は、年齢とともに上昇する。

3 せん妄については、その発症に至ったきっかけで除去可能な要因がないか検討する。

4 身体疾患の治療薬の中には、うつなどの精神症状を引き起こすものがある。

5 統合失調症の陰性症状とは、妄想や幻覚をいう。

（第 23 回問題 35）

3 老年期の精神障害について適切なものはどれか。**3 つ**選べ。

1 老年期うつ病では、心気的な訴えは少ない。

2 老年期うつ病では、気分の落ち込みよりも、不安、緊張、焦燥が目立つ。

3 老年期の統合失調症の症状の再発は、配偶者や近親者の死が要因となることがある。

4 老年期のアルコール依存症は、認知症を合併することはない。

5 遅発パラフレニーは、老年期の妄想性障害の代表的な疾患とされている。

1 正答 2、3、5

➡ P.75

1 × 薬疹は、薬剤服用後１～２**週間**で出ることが多い。

2 ○ 本肢の通りである。**肺炎**は、主に細菌やウイルスの感染によって起こる肺の炎症である。

3 ○ 本肢の通りである。**白内障**は、通常は透明である水晶体が濁ってしまい視力低下をもたらす疾患である。

4 × 脱水になると、**めまい**や**ふらつき**のほか、頭痛や吐き気、食欲不振などが生じ、進行すると意識障害を引き起こす。

5 ○ 本肢の通りである。高齢者は、嘔気や頭痛などの自覚症状が**ない**こともあり、注意が必要である。

2 正答 2、3、4

➡ P.76、77

1 × 高齢者は、急激な環境の変化への適応力は**低い**。

2 ○ **せん妄**は、主に高齢者にみられる病態である。

3 ○ せん妄の治療は、その発症に至った**原因**を探し、その**除去**を行うのが基本となる。

4 ○ 降圧薬などの副作用でうつなどの**精神症状**が引き起こされることがある。

5 × 統合失調症の**陰性症状**とは、感情鈍麻や無気力、自発性の低下などをいう。妄想や幻覚は、**陽性症状**である。

3 正答 2、3、5

➡ P.76、77

1 × 老年期うつ病では、身体の些細な不調を強く訴える**心気的な訴え**が多い。

2 ○ 老年期うつ病では、気分の落ち込みよりも、**不安**、**緊張**、**焦燥**が目立つ。

3 ○ 統合失調症は、症状が改善しても再発する可能性があり、**配偶者や近親者の死**が要因となることがある。

4 × 老年期のアルコール依存症は、**認知症**のほか、うつ病等も合併しやすい。

5 ○ 人格や感情が保たれているのに対して、体系化された著しい妄想を症状とする遅発パラフレニーは、老年期の**妄想性障害の代表的な疾患**である。

（第 23 回問題 26）

4 次の記述について、より適切なものはどれか。**3 つ**選べ。

1 老年症候群では、高齢期において生活機能の低下がみられる。

2 高齢者では、身体的な衰えや機能障害、慢性疾患の罹患、家族との死別などにより抑うつが高頻度にみられる。

3 高齢者では、エネルギーの消費が多くなるため、食欲が増す。

4 高齢者では、若年者に比べて体内水分貯蔵量が少なく、口渇も感じにくいため、脱水のリスクが高い。

5 内耳から大脳に異常があるために生じる難聴を、伝音性難聴という。

（第 26 回問題 26）

5 次の記述のうち適切なものはどれか。**3 つ**選べ。

1 「指輪っかテスト」は、サルコペニア（筋肉減弱症）の簡便な評価法である。

2 フレイルとは、健康な状態と介護を要する状態の中間的な状態である。

3 ロコモティブシンドロームとは、認知機能の低下によって起こるフレイルである。

4 要支援と認定された者では、介護が必要となった原因の第 1 位は認知症である。

5 配偶者との死別による心理的苦痛を和らげるには、ソーシャルサポートが有効である。

（第 23 回問題 32）

6 褥瘡について適切なものはどれか。**3 つ**選べ。

1 褥瘡とは、体外からの圧力による皮下の血流障害により、細胞が壊死してしまう状態をいう。

2 半座位や座位では、肩甲骨部には発生しない。

3 発生要因には、病気や加齢による身体組織の耐久性低下がある。

4 同一部位への長時間にわたる圧力を減少させるためには、体圧分散用具を用いるとよい。

5 指定介護老人福祉施設において、褥瘡マネジメント加算は算定できない。

4 正答 1、2、4

➡ P.74、75、78、79

1 ○ 老年症候群は、高齢者の**生活機能**や **QOL** を低下させる症状・病態をいう。

2 ○ 抑うつとは、気分の落ち込み、やる気が起きない状態をいい、高齢者では、本肢の理由により**高頻度**にみられる。

3 × 高齢者では、エネルギーの消費が**少なくなる**ため、食欲が**減る**。

4 ○ 高齢者では、もともと**体内の水分量**が少なく、口渇も**感じにくくなる**ため、脱水のリスクが高い。

5 × 本肢は、**感音性難聴**である。伝音性難聴は、外耳や中耳の異常が原因で生じる。

5 正答 1、2、5

➡ P.78、79、114、115

1 ○「指輪っかテスト」は、両手の親指と人差し指でつくった輪っかのサイズでふくらはぎの最大部分を囲むものであり、**サルコペニア**の簡便な評価法である。

2 ○ **フレイル**とは、活動や筋力が低下しており、健康な状態と介護を要する状態の中間的な状態である。

3 × ロコモティブシンドロームとは、**運動器**の障害により、**移動動作機能**が低下した状態をいう。

4 × 要支援と認定された者では、介護が必要となった原因の第 1 位は**関節疾患**である（2022 年「国民生活基礎調査の概況」より）。

5 ○ 本肢の通りである。多くの研究で、**ソーシャルサポート**を多く得ている人ほど、死別による心理的苦痛を和らげることが示されている。

6 正答 1、3、4

➡ P.82、83

1 ○ 褥瘡とは、体外からの圧迫が続くことで、血液の循環障害により、**細胞が壊死**してしまう状態をいう。

2 × 半座位や座位でも、背部に圧迫が続くと、肩甲骨に褥瘡が**発生することがある**。

3 ○ 病気や加齢による身体組織の耐久性低下は、褥瘡の**発生要因になる**。

4 ○ **エアーマット**等の体圧分散用具を用いることは、褥瘡の予防になる。

5 × 指定介護老人福祉施設において、一定の条件を満たす場合、**褥瘡マネジメント加算**を**算定**できる。

（第 25 回問題 26）

7 次の疾病の特徴として、より適切なものはどれか。**3 つ**選べ。

1 狭心症では、前胸部の圧迫感が生じることはない。

2 心不全による呼吸困難時には、起座位にすると症状が改善することがある。

3 慢性腎不全では、水分やカリウムの摂取量に注意する必要がある。

4 高齢者の糖尿病では、口渇、多飲、多尿の症状が出現しにくい。

5 帯状疱疹は、細菌性感染症である。

（第 23 回問題 28）

8 高齢者にみられる疾病について正しいものはどれか。**3 つ**選べ。

1 変形性関節症は、高齢者に多く発症する。

2 筋萎縮性側索硬化症（ALS）では、筋力低下による運動障害は生じない。

3 高次脳機能障害における失語症には、話そうとするが言葉が出てこないという症状も含まれる。

4 パーキンソン病では、認知障害はみられない。

5 骨粗鬆症は、骨折の大きな危険因子である。

（第 26 回問題 27）

9 次の記述のうち正しいものはどれか。**3 つ**選べ。

1 脈拍数と心拍数は、常に一致する。

2 高体温とは、体温が 36.5 度以上である場合をいう。

3 一般的に動脈壁にかかる圧力を血圧という。

4 血圧には日内変動がある。

5 ジャパン・コーマ・スケール（JCS）は、意識レベルの評価に用いられる。

7　正答 2、3、4

➡ P.81、84

1　×　狭心症では、労作時に前胸部の圧迫感が**生じる**。

2　○　心不全による呼吸困難時には、**起座位**または**半座位**にすると症状が改善することがある。

3　○　慢性腎不全では、**水分**や**カリウム**のほか、食塩、たんぱく質も制限する。

4　○　糖尿病では、進行すると口渇、多飲、多尿などの症状が現れるが、高齢者では**出現しにくい**。

5　×　帯状疱疹は、感染症ではなく、水痘・帯状疱疹ウイルスの再活性化によって起こる**ウイルス性**の疾患である。免疫力の低下や加齢により、体内に潜伏していた水痘・帯状疱疹ウイルスが再活性化することで発症する。

8　正答 1、3、5

➡ P.86 ～ 89

1　○　変形性関節症は、65 歳以上の高齢者の**大多数**が発症する。

2　×　筋萎縮性側索硬化症（ALS）では、運動神経細胞が障害され、全身の骨格筋が萎縮し、**四肢の筋力**の低下により**生活機能低下**や嚥下障害、言語障害等がみられる。

3　○　話そうとするが**言葉が出てこない**、また思ったことと**違うことを言う**という症状が含まれる。

4　×　パーキンソン病では、進行すると**認知症**やうつ状態等の精神症状も出現する。

5　○　骨粗鬆症は、骨密度が減少して骨がもろくなった状態であり、**骨折**の大きな危険因子である。

9　正答 3、4、5

➡ P.90、91

1　×　脈拍数と心拍数は、正常な場合は一致するが、不整脈がある場合は差が**生じる**。

2　×　高体温とは、体温が **37** 度以上である場合をいう。

3　○　一般的には、動脈壁にかかる圧力を**血圧**という。

4　○　血圧は、**日内変動**や個人差が大きい。

5　○　意識レベルの評価方法として、日本では**ジャパン・コーマ・スケール**（JCS）が用いられている。

（第 24 回問題 27）

10 バイタルサインについて正しいものはどれか。**3 つ**選べ。

1 バイタルサインとは、体温、脈拍、血圧、意識レベル及び呼吸である。

2 感染症に罹患しても、発熱がみられないことがある。

3 1 分当たりの心拍数 60 以上を頻脈という。

4 血圧は、160/100mmHg 未満を目指すことが推奨されている。

5 口すぼめ呼吸は、慢性閉塞性肺疾患（COPD）によくみられる。

（第 23 回問題 30）

11 検査について適切なものはどれか。**2 つ**選べ。

1 高齢者では膝などの関節が十分に伸びなくなるので、BMI（Body Mass Index）は本来の値より小さくなる。

2 CRP（C 反応性たんぱく質）は、体内で炎症が起きているときに低下する。

3 ヘモグロビン A1c の値は、過去 6 か月間の平均血糖レベルを反映している。

4 腹囲が男性 85cm 以上、女性 90cm 以上の場合は、メタボリックシンドロームの診断において腹部型の肥満とされる。

5 24 時間心電図（ホルター心電図）検査は、不整脈がある場合や狭心症が疑われる場合に行われる。

（第 22 回再問題 31）

12 検査について、より適切なものはどれか。**3 つ**選べ。

1 ヘモグロビン A1c の値は、過去 1 ～ 2 か月の血糖レベルを反映している。

2 大動脈疾患や進行した動脈硬化の場合は、左右の上肢で血圧に差がみられることがある。

3 ノロウイルス感染症では、下痢などの症状がなくなれば、感染力もなくなる。

4 CRP（C 反応性たんぱく質）は、感染症以外に、悪性腫瘍や膠原病でも高値になる。

5 24 時間心電図（ホルター心電図）検査は、医療者による継続的な観察が必要なため、入院して実施しなければならない。

10 正答 1、2、5

➡ P.90、91

1 ○ バイタルサインとは、生命の維持にかかわる最も基本的な情報である**体温**、**脈拍**、**血圧**、**意識レベル**、**呼吸**である。

2 ○ 高齢者では、感染症に罹患しても発熱がみられないことが**ある**。

3 × 1分当たりの心拍数 **100** 以上を頻脈という。

4 × 65 ～ 74 歳の前期高齢者では **130/80mmHg 未満**、75 歳以上の後期高齢者では **140/80mmHg 未満**を目指すことが推奨されている。

5 ○ **口すぼめ呼吸**は、そのほか、慢性気管支炎にもよくみられる。

11 正答 4、5

➡ P.92 ～ 95

1 × BMI は、体重（kg）÷（身長（m））^{2} で求められ、身長の値が低くなると BMI は本来の値よりも**高く**なる。

2 × CRP は、炎症を反映し、体内で炎症が起きていると**高値**になる。

3 × ヘモグロビン A1c は、糖尿病の有無のめやすとなり、**過去 1 ～ 2 か月**の平均的な血糖レベルを反映している。

4 ○ 腹囲は、メタボリックシンドロームの診断に使われ、男性で **85cm** 以上、女性で **90cm** 以上の場合は、腹部型の肥満とされる。

5 ○ **狭心症**の疑いや**不整脈**がある場合は、小型機器の装着で日常の心電図をチェックする 24 時間心電図検査が行われる。

12 正答 1、2、4

➡ P.92 ～ 95、112

1 ○ ヘモグロビン A1c の値は、過去 **1 ～ 2 か月**の平均的な血糖レベルを反映している。血糖値と異なり、当日の食事や運動の影響を受けない。

2 ○ 大動脈疾患や進行した動脈硬化の場合、左右の上肢で**左右差がみられる**ことがあり、左右での血圧測定が必要である。

3 × ノロウイルス感染症では、下痢などの症状がなくなっても、1週間程度は便等からノロウイルスが排出され**感染力がある**。

4 ○ CRP は**炎症**を反映し、悪性腫瘍や膠原病などでも高値になることがある。

5 × 24 時間心電図（ホルター心電図）検査は、日常生活中の 24 時間の心電図を記録でき、入院等は**必要ない**。

（第 26 回問題 28）

13 検査について適切なものはどれか。**3 つ**選べ。

1 腹囲が男性 85cm 以上、女性 90cm 以上の場合は、メタボリックシンドロームの診断において腹部型の肥満とされる。

2 AST（GOT）は、肝臓以外の臓器の疾患でも上昇する。

3 ヘモグロビン A1c は、採血時の血糖レベルを評価するのに適している。

4 尿検査は、尿路感染症の診断に有効である。

5 CRP（C 反応性たんぱく質）は、体内で炎症が起きているときに低下する。

（第 23 回問題 33）

14 次の記述について、より適切なものはどれか。**3 つ**選べ。

1 高齢者では、特に疾患がなくても、気道の閉じるタイミングが遅れることで誤嚥が生じやすくなる。

2 歯のかみ合わせは、咀嚼だけでなく、嚥下にも影響する。

3 唾液腺を刺激しても、唾液は分泌されない。

4 食物残渣は、口臭の原因となる。

5 摂食・嚥下リハビリテーションは、医師のみで行う。

（第 25 回問題 36）

15 高齢者の栄養・食生活について適切なものはどれか。**3 つ**選べ。

1 必要な栄養を食事では摂りきれない場合でも、間食で補うことは適当でない。

2 咀嚼能力や唾液分泌の低下などから、摂食・嚥下障害を起こしやすい。

3 食事中に口から食べ物をこぼす場合、口腔・嚥下機能評価を行うとよい。

4 食べることを通じて尊厳ある自己実現を目指す。

5 食事支援では、介護する家族の状況を考える必要はない。

13 正答 **1、2、4**

➡ P.92～95

1 ○ メタボリックシンドロームの診断では、腹囲が男性で **85**cm 以上、女性で **90**cm 以上が、腹部型の肥満とされる。

2 ○ AST（GOT）は、肝臓以外の、**心臓**や**筋肉**などの疾患や**溶血性疾患**で上昇する。

3 × ヘモグロビン A1c は、過去 1 ～ 2 カ月の平均的な血糖レベルを反映するため、**長期間**の血糖レベルを評価するのに適している。

4 ○ 尿検査は、糖尿病や腎臓病のスクリーニング検査のほか、**尿路感染症**の診断に有効である。

5 × CRP は、体内で炎症が起きているときに**上昇**する。

14 正答 **1、2、4**

➡ P.96、97

1 ○ 加齢とともに、筋力低下などによって嚥下反射が低下・遅延することで**誤嚥**が生じやすくなる。

2 ○ 歯のかみ合わせがしっかりできていないと、口腔内に食塊が残りやすく、**誤嚥**することがある。

3 × 唾液腺を刺激することで、唾液の分泌が**促される**。

4 ○ 口臭は、口の中の細菌が**食物残渣**などを分解する際に発生する揮発性の硫黄化合物が原因と考えられている。

5 × 摂食・嚥下リハビリテーションは、医師だけでなく、歯科医師や歯科衛生士、言語聴覚士、介護福祉士などによる**多職種**の連携によって行う。

15 正答 **2、3、4**

➡ P.98、99

1 × エネルギーが不足する場合におまんじゅう等の高エネルギーの間食で補うことなど、必要な栄養を間食で補うことは**適当である**。

2 ○ 高齢者の多くは、咀嚼能力や唾液分泌の低下などによって、摂食・嚥下障害を**起こしやすくなっている**。

3 ○ 食べこぼしのほか、むせ、食事時間の延長、かめない食品の増加などがみられる場合、**口腔・嚥下機能評価**を行うとよい。

4 ○ 栄養指標の改善にとどまるのではなく、尊厳ある自己実現を**目指す**。

5 × 対象者だけを考えた食事支援では、家族の介護負担が増えるなどが起こりうるため、**双方の QOL が向上する支援**をめざす必要がある。

（第 22 回再問題 32）

16 薬剤に関する次の記述について適切なものはどれか。**3 つ**選べ。

1　パーキンソン病の治療薬であるドーパミン製剤は、服用を突然中止すると、高熱、意識障害、著しい筋固縮などを呈する悪性症候群を生じる恐れがある。

2　高齢者は腎機能が低下しているため、薬の副作用が減弱することが多い。

3　胃ろうから薬剤を注入する際には、それぞれの薬剤について、錠剤を粉砕したり、微温湯で溶解させたりしてよいか、確認する必要がある。

4　口腔内で溶ける OD（Oral Disintegrant）錠は、口腔粘膜からそのまま吸収される薬剤である。

5　症状が消失すると内服を自己判断でやめてしまう場合があるため、内服状況を確認する必要がある。

（第 25 回問題 37）

17 次の記述のうち適切なものはどれか。**3 つ**選べ。

1　中心静脈栄養法では、静脈炎にならないように末梢静脈を用いる。

2　経鼻胃管の種類には、バルーン型とバンパー型がある。

3　血液透析のためのシャントは、動脈と静脈をつなぎ合わせた部位のことである。

4　ネブライザーは、気道を加湿して痰を出しやすくするために用いる機器である。

5　パルスオキシメーターは、血液中の酸素飽和度を測定する機器である。

（第 24 回問題 37）

18 在宅医療管理について正しいものはどれか。**3 つ**選べ。

1　在宅中心静脈栄養法は、点滴栄養剤を中心静脈に直接入れる方法である。

2　在宅自己注射は、家族以外の訪問介護員も行うことができる。

3　経鼻胃管は、定期的に交換する必要はない。

4　悪性腫瘍疼痛管理では、身体的側面だけでなく、精神的側面からも考えることが重要である。

5　人工呼吸療法には、侵襲的、非侵襲的に行うものの 2 種類がある。

16 正答 1、3、5

➡ P.100、101

1 ○ ドーパミン製剤は、服用を突然中止すると、高熱などの悪性症候群が生じる**恐れがある**。服用を中止する場合には、事前に主治医と相談しなければならない。

2 × 腎機能の低下により、尿による薬の排出が遅くなり、**薬の副作用が出やすくなる**ことが多い。

3 ○ 錠剤を粉砕したり、微温湯で溶解させたりする判断には、専門的知識が求められるため、**事前に確認する必要がある**。

4 × OD 錠は、口腔内で溶けて**消化管**で吸収される。

5 ○ 自己判断で内服をやめてしまうと重篤な副作用が出る場合もあり、内服状況を確認する**必要がある**。

17 正答 3、4、5

➡ P.102 ～ 104

1 × 中心静脈栄養法では、心臓に近い太い血管である**中心静脈**を用いる。

2 × **経鼻胃管**は、鼻からチューブを通して流動食を注入する経管栄養法である。本肢は、**胃ろう**についての記述である。

3 ○ **シャント**は、自己血管もしくは人工血管で静脈と動脈をつなぎ合わせた部位のことをいう。

4 ○ **ネブライザー**は、霧状にした薬を気管や肺に吸い込むことで、気道を加湿して痰を出しやすくするために用いる機器である。

5 ○ **パルスオキシメーター**は、手足の指先に装着し、血液中の酸素飽和度を測定する機器である。

18 正答 1、4、5

➡ P.102 ～ 105

1 ○ 在宅中心静脈栄養法は、点滴栄養剤を**中心静脈**に直接入れて行う。

2 × 在宅自己注射は、家族以外の訪問介護員は**行うことができない**。

3 × 経鼻胃管は、**1 か月**をめどに交換する。

4 ○ 悪性腫瘍疼痛管理では、**精神的側面**からも考えることが重要である。

5 ○ 人工呼吸療法には、**侵襲的陽圧換気法**と**非侵襲的陽圧換気法**がある。

（第 22 回再問題 34）

19 在宅医療について正しいものはどれか。**2 つ**選べ。

1 インスリンの自己注射の効果は、体調不良時（シックデイ）には強く出ることもある。

2 悪性腫瘍の疼痛管理のための麻薬の投与経路には、経口、経皮、経腸、注射がある。

3 人工透析を行っている場合には、シャント側で血圧測定を行う。

4 侵襲的陽圧換気法（IPPV）による人工呼吸は、マスクを装着して行われる。

5 酸素マスクによる在宅酸素療法は、鼻カニューレによるものに比べて、食事や会話がしやすいのが特徴である。

（第 25 回問題 40）

20 臨死期について適切なものはどれか。**3 つ**選べ。

1 家族に対して、今後予想される状況に即した病状説明が行われるよう配慮する。

2 在宅で看取る場合、呼吸停止の瞬間に、医師が立ち会う必要がある。

3 呼吸をするたびに、喉元でゴロゴロと音がする状態（死前喘鳴）になることがある。

4 臨終が近づき、応答がなくなった場合には、本人への語りかけをやめる。

5 死後のケアであるエンゼルケアは、身体を清潔にし、その人らしい外見に整えるためのものである。

（第 22 回再問題 40）

21 次の記述について、より適切なものはどれか。**3 つ**選べ。

1 がんの発症頻度は、年齢とともに高くなる傾向にある。

2 臨死期には、死前喘鳴がみられることがあるが、首を横に向ける姿勢の工夫で軽減することもある。

3 臨死期には、顎だけで呼吸する下顎呼吸状態となる場合があるが、しばらくすると正常な呼吸に戻る。

4 呼吸困難や疼痛に対しては、投薬のほか、安楽な体位やマッサージなどで苦痛の緩和を図る。

5 高齢者のがんに対しては、侵襲性の高い手術療法は行うべきではない。

19 正答 1、2

➡ P.102 ～ 105

1 ○ インスリンの自己注射の効果は、体調不良時（シックデイ）に**強く出る**ことがあるため、自己注射の対処法を確認しておくことが必要である。

2 ○ 麻薬の投与経路は、経口が基本であるが、がんの進行等により**経皮**、**経腸**、**注射も用いられる**。

3 × シャントを圧迫しないよう、シャント側での血圧測定等は**控えなければならない**。

4 × 侵襲的陽圧換気法（IPPV）は、気管カニューレを挿入する方法である。マスクを使用する人工呼吸は**非侵襲的陽圧換気法（NPPV）**である。

5 × 酸素マスクによる在宅酸素療法よりも、**鼻カニューレ**によるもののほうが、食事や会話がしやすい。

20 正答 1、3、5

➡ P.91、106、107

1 ○ 今後予想される状況に即した病状説明が行われるように**配慮する**ことで、利用者家族にとって、看取りへの心の準備を促すことにつながる。

2 × 在宅で看取る場合、医師が立ち会う必要は**ない**。呼吸停止を確認したら、主治医に連絡し、死亡診断書の作成を依頼する。

3 ○ 死前喘鳴は、**臨死期にみられる**頻度の高い呼吸のひとつである。

4 × **聴力は最期まで残る**といわれており、声をかけて尊厳をもった関わり合いを続けることは重要である。

5 ○ **エンゼルケア**は、グリーフケアにもつながる。

21 正答 1、2、4

➡ P.80、91、106、107

1 ○ 加齢により、がん細胞を抑制する免疫細胞の働きが**弱くなる**等の理由で、がんの発症頻度は、年齢とともに**増加**する。

2 ○ 死前喘鳴がみられた場合は、点滴の量を減らすことを検討する、痰の吸引、**首を横に向ける**姿勢の工夫等で軽減することがある。

3 × 下顎呼吸は、**呼吸が止まる間際**にみられる呼吸である。

4 ○ **安楽な体位**や**マッサージ**等で、身体的苦痛だけでなく精神的苦痛の緩和を図る。

5 × 高齢者は身体機能の個人差が大きいため、侵襲性の高い手術療法は**慎重に選択する必要**があるが、全員ができないわけではない。

（第 23 回問題 41）

22 ターミナルケアに関する次の記述のうち、より適切なものはどれか。**3 つ**選べ。

1 本人の人生観や生命観などの情報は、関係者で共有すべきではない。

2 リビングウィルとは、本人の意思が明確なうちに、医療やケアに関する選択を本人が表明しておくことをいう。

3 重度の認知機能障害などを有する利用者の場合に、家族に加えて複数の医療・介護専門職が集まって方針を決める方法をコンセンサス・ベースド・アプローチという。

4 医学的観点だけに基づく診療方針の決定では、本人の意向に反する結果となるおそれがある。

5 介護保険の特定施設では、ターミナルケアは提供できない。

（第 24 回問題 38）

23 高齢者の病状・病態について適切なものはどれか。**3 つ**選べ。

1 喘息や心不全による呼吸困難では、起座呼吸で症状が楽になることが多い。

2 心筋梗塞の症状には、必ず強い胸痛がみられる。

3 脚の骨折で多い部位は、骨幹部（骨の中央）である。

4 寝たきりの高齢者は、吐いたものが気管や肺に入り、誤嚥性肺炎を起こすことがある。

5 急激に浮腫が出現した場合には、心不全の増悪なども考えられる。

（第 23 回問題 27）

24 次の記述について、より適切なものはどれか。**3 つ**選べ。

1 激しく出血している場合は、出血部位よりも心臓から遠い部位を圧迫して止血する。

2 誤嚥による呼吸困難では、「喉に手を当てる」などの窒息のサインやチアノーゼなどの症状が出現する。

3 洗剤や漂白剤を飲み込んだ場合は、無理に吐かせる。

4 衣服の下をやけどしている場合は、衣服を脱がさずその上から流水を当てる。

5 寝たきりの高齢者に吐き気があるときは、身体を横向きにして、吐物の誤嚥を防ぐ。

22 正答 2、3、4

➡ P.106、107、128

1 × 本人の人生観や生命観等の情報を関係者で共有することは、意思決定支援において極めて重要な意味をもつので**共有すべき**である。

2 ○ リビングウィルは、**どのような医療や介護を望むか**を表明することであり、本人の尊厳を重視するために重要なものとなっている。

3 ○ 家族だけで方針を決定することは、倫理的葛藤を生じかねないことから、**コンセンサス・ベースド・アプローチ**の手法が望まれる。

4 ○ 医学的観点だけに基づく診療方針の決定では、本人の尊厳を重視する立場とは**逆の展開**になるおそれがある。

5 × 介護保険の特定施設では、ターミナルケアは**提供できる**。

23 正答 1、4、5

➡ P.84、85、89、110

1 ○ 喘息や心不全による呼吸困難は、仰向けになるよりも、**起座呼吸**で楽になることが多い。

2 × 心筋梗塞は強い胸痛が特徴だが、高齢者の場合は、**腹痛**や呼吸困難、冷や汗などが主症状のこともある。

3 × 脚の骨折で多い部位は、**大腿骨頸部**である。

4 ○ 本肢の通りである。寝たきりの高齢者に吐き気がある場合は、**誤嚥性肺炎**や窒息を防ぐために、**側臥位**にして寝かせる。

5 ○ 急激に浮腫が出現した場合には、**心不全**の急性増悪などが考えられるため、医療機関での検査が必要である。

24 正答 2、4、5

➡ P.110、111

1 × 激しく出血している場合に圧迫するのは、出血部位よりも心臓から**近い**部位である。

2 ○ チアノーゼとは、**酸欠**で唇が青紫色になる症状などをいう。

3 × 洗剤や漂白剤の強い刺激によって誤嚥性肺炎や窒息につながる危険性があるため、**無理に吐かせない**。

4 ○ 皮膚が衣服に癒着している場合もあるので、**衣服の上から**流水をあてる。

5 ○ 吐物の誤嚥を防ぐため、**側臥位**をとらせる。

（第 26 回問題 37）

25 感染症と主な感染経路の組合せについて、より適切なものはどれか。**3 つ**選べ。

1　季節性インフルエンザ ― 飛沫感染

2　腸管出血性大腸菌感染症 ― 接触感染

3　結核 ― 空気感染

4　疥癬 ― 飛沫感染

5　MRSA（メチシリン耐性黄色ブドウ球菌）感染症 ― 空気感染

（第 24 回問題 36）

26 感染予防について、より適切なものはどれか。**3 つ**選べ。

1　すべての人が感染症にかかっている可能性があると考え、感染予防に努める。

2　症状のある人だけマスクを着用して感染予防に努めればよい。

3　手洗いでは、指先、指の間、親指、手首を洗い忘れないようにすることが基本となる。

4　マスクや手袋、エプロンやガウンはできるだけ節約し、使い回すように心がける。

5　高齢者は、一般的に感染症に対する抵抗力が低下していることを前提とする。

（第 23 回問題 39）

27 感染症の予防について適切なものはどれか。**3 つ**選べ。

1　標準予防策（スタンダード・プリコーション）とは、感染症の有無にかかわらず、すべての人に実施する感染予防対策である。

2　感染症を予防するためには、感染源の排除、感染経路の遮断、宿主の抵抗力の向上が重要である。

3　手袋を使用すれば、使用後の手指衛生は必要ない。

4　インフルエンザの主な感染経路は、飛沫感染である。

5　肺炎球菌ワクチンを接種すれば、すべての肺炎を予防できる。

25 正答 1、2、3

➡ P.112、113

1 ○ 季節性インフルエンザの主な感染経路は、**飛沫感染**である。

2 ○ 腸管出血性大腸菌感染症の主な感染経路は、**接触感染**である。

3 ○ 結核の主な感染経路は、**空気感染**と飛沫感染である。

4 × 疥癬の主な感染経路は、**接触感染**である。

5 × MRSA（メチシリン耐性黄色ブドウ球菌）感染症の主な感染経路は、**接触感染**である。

26 正答 1、3、5

➡ P.112、113

1 ○ **標準予防策**（スタンダード・プリコーション）の考え方である。

2 × 免疫のない職員が症状のある利用者に接する場合に高性能マスクを着用するなど、症状がなくても**マスク着用**によって感染予防をする。

3 ○ アルコール製剤などによる手指消毒でも同様である。

4 × 感染拡大予防のために、これらは**使い捨て**のものを利用する。

5 ○ 高齢者の**感染症への抵抗力の弱さ**を前提とした感染予防が求められる。

27 正答 1、2、4

➡ P.112、113

1 ○ 標準予防策は、感染症の有無にかかわらず、**すべての人**の体液や排泄物等に感染性があると考えて取り扱うことを基本とする感染予防策である。

2 ○ 感染が成立するには、感染源→感染経路→宿主の連鎖が必要。したがって、この連鎖を遮断するために、感染源の**排除**、感染経路の**遮断**、宿主の**抵抗力の向上**が重要である。

3 × 手袋を外すとき等、気付かないうちに汚染されている可能性があるため、**使用後の手指衛生**は必要である。

4 ○ インフルエンザの主な感染経路は、咳やくしゃみ等による**飛沫感染**である。

5 × 肺炎球菌には 93 種類の血清型があり、肺炎球菌ワクチンは、そのうちの 23 種類の感染を予防する。したがって、すべての肺炎を**予防できるのではない**。

（第 25 回問題 32）

28 認知症について適切なものはどれか。**2 つ**選べ。

1 BPSD（認知症の行動・心理症状）は、住環境などの環境因子の影響は受けない。

2 若年性認知症は、うつ病など、他の精神疾患と疑われることがある。

3 前頭側頭型認知症では、リアルな幻視やパーキンソニズムが特徴である。

4 パーソン・センタード・ケアは、介護者本位で効率よく行うケアである。

5 介護支援専門員が、利用者本人の同意を得て、心身の変化などを主治医に伝えることは、よりよい医療につながる。

（第 23 回問題 34）

29 認知症のケアや支援について適切なものはどれか。**3 つ**選べ。

1 認知症初期集中支援チームは、都道府県が配置する。

2 認知症カフェは、認知症初期集中支援チームが運営することとされている。

3 認知症初期集中支援チームの対象者は、原則として、40 歳以上で、在宅で生活しており、かつ認知症が疑われる人又は認知症の人である。

4 パーソン・センタード・ケアは、認知症を持つ人を一人の「人」として尊重し、その人の立場に立って考え、ケアを行おうとする認知症ケアの 1 つの考え方である。

5 認知症施策推進大綱では、認知症の人本人からの発信支援を推進するよう明記されている。

（第 25 回問題 41）

30 訪問看護について正しいものはどれか。**3 つ**選べ。

1 急性増悪時に主治医から特別指示書が交付された場合、介護保険から給付が行われる。

2 介護保険の指定訪問看護ステーションの管理者は、原則として、常勤の保健師又は看護師でなければならない。

3 提供に当たっては、常に利用者の病状、心身の状況及びその置かれている環境の的確な把握に努める。

4 保険医療機関の指定を受けている病院は、介護保険の指定訪問看護事業者とみなされる。

5 24 時間 365 日、サービスを提供しなければならない。

28 正答 2、5

➡ P.114、116、118、119、134

1 × BPSDは、住環境などの環境因子の影響は**受ける**。

2 ○ 若年性認知症は、うつ病等の他の**精神疾患と疑われ**、診断が遅れることも多い。

3 × 前頭側頭型認知症では、**人格障害**や**反社会的行動**が特徴である。

4 × パーソン・センタード・ケアは、認知症の**本人**の気持ちに寄り添い、常に尊厳に配慮して行うケアである。

5 ○ 利用者の最新の状況や心身の変化などを介護支援専門員が主治医に報告することで、一律の処方ではなく、**適切な診断・治療につながる**。

29 正答 3、4、5

➡ P.118、119

1 × 認知症初期集中支援チームは、**市町村**が配置する。地域包括支援センターや認知症疾患医療センターなどに委託が可能である。

2 × 認知症カフェは、認知症の人やその家族、地域包括支援センター、ボランティア団体など**多様な運営主体**が開催している。

3 ○ 認知症初期集中支援チームの「初期」とはかかわりの初期という意味もあり、認知症が進行している人も含まれる。

4 ○ **パーソン・センタード・ケア**は、認知症の本人の気持ちを察し、その思いに寄り添うケアである。

5 ○ 認知症施策推進大綱の五本柱のひとつに「普及啓発・**本人発信支援**」がある。

30 正答 2、3、4

➡ P.23、120、121

1 × 急性増悪時に主治医から特別指示書が交付された場合、**医療保険**から給付が行われる。

2 ○ 管理者は、**保健師または看護師**で、専従かつ**常勤**の者とされている。

3 ○ 在宅療養者は疾病だけでなく、生活障害も併せ持つため、心身の状況だけでなくその**環境の的確な把握**に努める。

4 ○ 保険医療機関の指定を受けている病院は、訪問看護などに関して介護保険法による指定があったものとみなされる（**みなし指定**）。

5 × 24時間365日の連絡体制は、**緊急時訪問看護加算**の対象である。

（第 23 回問題 42）

31 訪問看護について正しいものはどれか。**3 つ**選べ。

1 特別訪問看護指示書があるときは、7 日間に限り、医療保険による訪問看護を提供することができる。

2 訪問看護事業を行う事業所は、指定訪問看護ステーションに限られる。

3 指定訪問看護事業者は、主治の医師に訪問看護計画書及び訪問看護報告書を提出しなければならない。

4 訪問看護の根拠法には、高齢者の医療の確保に関する法律も含まれる。

5 利用者が短期入所療養介護を利用している場合には、訪問看護費は算定できない。

（第 25 回問題 42）

32 指定通所リハビリテーションについて正しいものはどれか。**3 つ**選べ。

1 利用者の生活機能の維持又は向上を目指し、心身の機能の維持回復を図るものでなければならない。

2 介護老人福祉施設で提供される。

3 事業所には、生活相談員を配置しなければならない。

4 通所リハビリテーション計画は、医師及び理学療法士、作業療法士等の従業者が、共同して作成する。

5 通所リハビリテーション計画の進捗状況を定期的に評価し、必要に応じて当該計画を見直す。

（第 25 回問題 43）

33 指定短期入所療養介護について正しいものはどれか。**3 つ**選べ。

1 家族の身体的及び精神的な負担軽減を図るために利用できる。

2 看護、医学的管理の下における介護及び機能訓練その他必要な医療並びに日常生活上の世話を行う。

3 居宅サービス計画において、あらかじめ位置付けられていない場合には、利用することができない。

4 短期入所療養介護計画は、おおむね 4 日以上連続して利用する場合に作成する必要がある。

5 ターミナルケアは、行われない。

31 正答 3、4、5

➡ P.120、121

1 × 特別訪問看護指示書が主治の医師から交付された場合は、**14** 日間に限り、医療保険による訪問看護を提供することができる。

2 × 訪問看護事業を行う事業所は、指定訪問看護ステーションと**病院・診療所**である。

3 ○ 訪問看護事業者は、定期的に、主治の医師に**訪問看護計画書及び訪問看護報告書**を提出しなければならない。

4 ○ 訪問看護の根拠法は、介護保険法のほか、健康保険法と**高齢者の医療の確保に関する法律（高齢者医療確保法）**がある。

5 ○ 利用者が短期入所療養介護を利用している場合には、訪問看護費は**同時に算定できない**。

32 正答 1、4、5

➡ P.122、123

1 ○ 本肢は、運営基準（居宅）第 110 条に定められている。

2 × **病院、診療所、介護老人保健施設、介護医療院**で提供される。

3 × 生活相談員の配置は**定められていない**。

4 ○ 各職種が**共同**して、居宅サービス計画の内容に沿って作成する。

5 ○ 通所リハビリテーション計画の実施状況の評価・見直しを定期的に行い、**診療記録**に記載する。

33 正答 1、2、4

➡ P.124、125

1 ○ 家族の身体的及び精神的な負担軽減を図るために**利用できる**。

2 ○ **短期間**入所し、医療上の世話を含む介護を受けるサービスである。

3 × 居宅サービス計画にあらかじめ位置付けられていない場合にも、**緊急に**利用することが可能である。

4 ○ **4 日**以上継続して入所することが予定されている場合は、短期入所療養介護計画を作成する。

5 × ターミナルケアを**実施する**。

（第 26 回問題 42）

34 指定短期入所療養介護について正しいものはどれか。**2 つ**選べ。

1 検査、投薬、注射、処置等は、利用者の病状に照らして妥当適切に行うものとされている。

2 おむつ代は、利用者が負担するものとされている。

3 胃ろうがある場合には、利用できない。

4 日帰りの利用はできない。

5 短期入所療養介護計画は、既に居宅サービス計画が作成されている場合は、当該計画の内容に沿って作成しなければならない。

（第 23 回問題 44）

35 介護老人保健施設について正しいものはどれか。**2 つ**選べ。

1 要介護者であって、主として長期にわたり療養が必要である者に対してサービスを行う施設と定義されている。

2 従来型の多床室に係る介護報酬は、在宅強化型と基本型の 2 類型だけである。

3 人員に関する基準には、医療分野から介護分野まで幅広い職種が含まれている。

4 利用者の平均要介護度は、介護老人福祉施設の入所者のそれより低い。

5 終末期にある利用者は、皆無である。

（第 26 回問題 45）

36 介護医療院について適切なものはどれか。**2 つ**選べ。

1 住まいと生活を医療が支える新たなモデルとして創設された。

2 開設者は、医療法人でなければならない。

3 療養床には、Ⅰ型療養床とⅡ型療養床がある。

4 併設型小規模介護医療院の入所定員は、25 人以下である。

5 療養室入所者 1 人当たりの床面積は、5.0m^2 以上とされている。

34 正答 1、5

➡ P.124、125

1 ○ 検査、投薬、注射、処置等は、利用者の**病状**に照らして妥当適切に行わなければならない。

2 × おむつ代は、施設サービスや地域密着型介護老人福祉施設入所者生活介護、そして**短期入所サービス**では、保険給付の対象である。

3 × 医療的な対応を必要とする人も対象としており、胃ろうがある場合にも利用**できる**。

4 × 日帰りの利用も**できる**。その場合は、サービス提供時間別の特定短期入所療養介護費を算定する。

5 ○ 利用者がおおむね４日以上継続して入所するときは、**居宅サービス計画**に沿って短期入所療養介護計画を作成しなければならない。

35 正答 3、4

➡ P.39、128、129

1 × 要介護者であって、主として**その心身の機能の維持回復を図り、居宅における生活を営むことができるようにする**ための支援が必要である者に対してサービスを行う施設と定義されている。

2 × 在宅強化型と基本型のほか、**療養型**もある。

3 ○ 医師、薬剤師、看護・介護職員、支援相談員、理学療法士・作業療法士・言語聴覚士、栄養士、管理栄養士、介護支援専門員といった**幅広い職種**が含まれている。

4 ○ 「令和４年度　介護給付費等実態統計の概況」によると、要介護４以上の入所者の割合は、介護老人福祉施設では約**70**%、介護老人保健施設では約**45**%である。

5 × 介護老人保健施設では、ターミナルケアも**提供している**。

36 正答 1、3

➡ P.131 ～ 133

1 ○ 住まいと生活を医療が支える新たなモデルとして、**2017**年の法改正で創設された。

2 × 開設できる団体は、医療法人のほか、**地方公共団体**、**社会福祉法人**、その他厚生労働大臣が定める者である。

3 ○ 介護医療院の療養床には、**Ⅰ型療養病床**と**Ⅱ型療養病床**がある。

4 × 併設型小規模介護医療院の入所定員は、**19**人以下である。

5 × 療養室入所者１人当たりの床面積は、**8.0**㎡以上とされている。

（第 26 回問題 46）☑ ☑

1 面接場面におけるコミュニケーション技術について、より適切なものはどれか。**3 つ**選べ。

1 面接を行う部屋の雰囲気や相談援助者の服装などの外的条件は、円滑なコミュニケーションのために重要である。

2 相談援助者とクライエントの双方が事態を明確にしていくことが必要である。

3 クライエントが長く沈黙している場合には、話し始めるまで待たなければならない。

4 面接の焦点を的確に定めることは、面接を効果的に実施する上で重要である。

5 傾聴とは、クライエントの支援計画を立てることである。

（第 24 回問題 49）☑ ☑

2 ソーシャルワークにおける地域援助技術として、より適切なものはどれか。**3 つ**選べ。

1 生活支援コーディネーターによる地域住民に対する支え合い活動の組織化

2 自治体職員による外国人に対する入院費用等の個別相談

3 老人クラブによる子どもに対する昔遊びなどを通じた世代間交流の促進

4 震災被災者に対する支援のための NPO の組織化

5 社会福祉協議会による視覚障害者団体の会員に対するレクリエーション活動

（第 23 回問題 49）☑ ☑

3 ソーシャルワークにおける集団援助として、より適切なものはどれか。**2 つ**選べ。

1 地域包括支援センターの社会福祉士による一人暮らしの高齢者を集めた生きがいづくりのためのプログラム活動

2 医療機関における医療ソーシャルワーカーによる入院中のクライエントへの相談支援

3 社会福祉協議会の職員と民生委員による「福祉マップ」の作成

4 精神科クリニックで行われるアルコール依存症患者の家族を対象とした交流活動

5 NPO 法人のスタッフと地域住民による高齢者の見守り活動

1 正答 1、2、4

➡ P.136 ～ 139

1 ○ 面接を行う**部屋**の雰囲気や相談援助者の**服装**などは、円滑なコミュニケーションをとるための配慮が必要な外的条件である。

2 ○ 自己決定の支援を行ううえで、相談援助者とクライエントの**双方**が事態を明確にしていくことが必要である。

3 × **沈黙**を通して伝わるメッセージにも配慮することは重要だが、待たなければならないわけではない。

4 ○ **焦点化**とは、クライエントの話す内容を自分の理解のなかで要約し、それをクライエントに戻すことである。

5 × **傾聴**とは、クライエントの話を積極的に聴く面接の基本的な姿勢のことをいう。

2 正答 1、3、4

➡ P.140 ～ 142

1 ○ 地域社会を対象にしており、**地域援助**にあたる。

2 × 特定の個人を対象にしており、**個別援助**にあたる。

3 ○ 地域社会を対象にしており、**地域援助**にあたる。

4 ○ 地域社会を対象にしており、**地域援助**にあたる。

5 × 特定の集団を対象にしており、**集団援助**にあたる。

3 正答 1、4

➡ P.140 ～ 142

1 ○ 特定の集団を対象にしており、**集団援助**にあたる。

2 × 特定の個人を対象にしており、**個別援助**にあたる。

3 × 地域社会を対象にしており、**地域援助**にあたる。

4 ○ 特定の集団を対象にしており、**集団援助**にあたる。

5 × 地域社会を対象にしており、**地域援助**にあたる。

（第 26 回問題 48）

4 ソーシャルワークにおける相談援助者の基本姿勢として、より適切なものはどれか。**3 つ**選べ。

1 統制された情緒的関与とは、個々の人間の状況は独自なものであり、一つとして同じ問題はないと捉え、支援することである。

2 サービスについて様々な情報提供を行い、利用するサービスや事業者をクライエントが決定できるようにする。

3 非審判的態度で関わる必要がある。

4 クライエントを画一的に分類して、援助計画を立てることが必要である。

5 意図的な感情表出とは、クライエントが感情を自由に表現できるように、意識してクライエントに接することである。

（第 26 回問題 50）

5 介護保険における訪問介護について正しいものはどれか。**3 つ**選べ。

1 掃除の際に特別な手間をかけて行う床のワックスがけは、生活援助として算定できる。

2 手助けや声かけ及び見守りしながら、利用者と一緒に行うシーツ交換は、身体介護として算定できる。

3 夏服と冬服を入れ替えるなどの衣類の整理は、生活援助として算定できる。

4 訪問介護員が車いす等での移動介助を行って店に行き、利用者本人が自ら品物を選べるようにする援助は、身体介護として算定できる。

5 安否確認を主たる目的とする訪問は、生活援助として算定できる。

（第 24 回問題 51）

6 介護保険における通所介護について正しいものはどれか。**3 つ**選べ。

1 送迎に要する時間は、通所介護算定の基準となる所要時間には含まれない。

2 通所介護計画は、利用者が作成を希望しない場合には、作成しなくてもよい。

3 利用料以外の料金として、おむつ代の支払いを受けることができる。

4 利用者が当該事業所の設備を利用して宿泊する場合には、延長加算を算定できない。

5 災害等のやむを得ない事情により利用定員を超えてサービスを提供した場合には、所定単位数から減算される。

4 正答 2、3、5

➡ P.136

1 × 統制された**情緒的関与**とは、援助者が自分の感情を自覚してコントロールすることをいう。

2 ○ 本肢は、**自己決定**についての記述である。

3 ○ 時と場を超えてクライエントに対する**非審判的態度**で関わる必要がある。

4 × クライエントを**個別**の存在としてとらえて、援助計画を立てることが必要である。

5 ○ 意図的な**感情表出**とは、クライエントの感情表出の機会を大切にすることをいう。

5 正答 2、3、4

➡ P.146、147

1 × 本肢は、生活援助の**範囲外**である。

2 ○ 本肢は、自立生活支援・重度化防止のための見守り的援助にあたり、身体介護として算定**できる**。

3 ○ 衣類の整理は、生活援助として算定**できる**。

4 ○ 本肢は、自立生活支援・重度化防止のための見守り的援助にあたり、身体介護として算定**できる**。

5 × 安否確認を主たる目的とする訪問は、訪問介護費として算定**できない**。

6 正答 1、3、4

➡ P.150、151

1 ○ 通所介護算定の基準となる所要時間は、**滞在した時間**である。

2 × 管理者は、通所介護計画を**作成しなければならない**。

3 ○ 通所介護の利用料のほかに、おむつ代の支払いを**受けることができる**。

4 ○ 宿泊する場合は、延長加算を**算定できない**。

5 × 災害等のやむを得ない場合、利用定員を超えてサービスを提供でき、減算**されない**。

（第 23 回問題 52）

7 介護保険における訪問介護について正しいものはどれか。**3 つ**選べ。

1 指定訪問介護事業所の管理者については、特段の資格は不要である。

2 サービス提供責任者は、介護福祉士でなければならない。

3 介護支援専門員は、一定回数以上の生活援助中心型の訪問介護を居宅サービス計画に位置付ける場合には、その居宅サービス計画を市町村に届け出なければならない。

4 利用者が保険給付の範囲外のサービス利用を希望した場合には、訪問介護員は、居宅介護支援事業者又は市町村に連絡するものとする。

5 指定訪問介護事業者は、利用申込者の要介護度が重いことを理由として、サービスの提供を拒むことができる。

（第 24 回問題 52）

8 介護保険における訪問入浴介護について正しいものはどれか。**3 つ**選べ。

1 訪問入浴介護費は、サービス提供時間によって 2 つに区分されている。

2 訪問入浴介護事業者は、利用者の選定により提供される特別な浴槽水等に係る費用を、通常の利用料以外の料金として受け取ることができる。

3 利用者の肌に直接触れるタオル等は、個人専用のものを使うなど安全清潔なものを使用する。

4 利用者の身体の状況等に支障を生ずるおそれがない場合には、主治の医師の意見を確認した上で、看護職員に代えて介護職員のみで実施することができる。

5 利用者の心身の状況から全身入浴が困難であって、利用者の希望により清拭のみを実施した場合には、全身入浴と同じ単位数を算定することができる。

7 正答 1、3、4

➡ P.146 ～ 149

1 ○ 常勤専従１名という指定はあるが、**資格要件はない。**

2 × 介護福祉士のほか、**実務者研修修了者、旧介護職員基礎研修修了者、旧１級課程修了者**のいずれかである。

3 ○ 2018（平成 30）年 10 月から、届出が**義務付けられている。**

4 ○ **居宅介護支援事業者**又は**市町村**への連絡は、保険外サービスを取扱う場合に注意・整備しなければならないこととして定められている。

5 × 現在の人員では申込みに応じられない、通常の事業の実施地域外である等の正当な理由なくサービスの提供を**拒んではならない。**

8 正答 2、3、4

➡ P.143 ～ 145

1 × 訪問入浴介護費は、**入浴、部分浴・清拭**の２つに区分されている。

2 ○ 利用者の選定により提供される特別な浴槽水等に係る費用は、通常の利用以外の料金として**受け取ることができる。**

3 ○ 利用者の肌に直接触れる設備、用品などは**サービスの提供ごと**に消毒したものを使用する。

4 ○ 主治の医師の意見を確認した上で、看護職員に代えて**介護職員**のみで実施することができる。

5 × 希望者の希望により清拭のみを実施した場合は、**部分浴・清拭**の単位数を算定する。

（第 22 回再問題 50）

9

介護保険における短期入所生活介護について正しいものはどれか。**3 つ**選べ。

1 利用者 20 人未満の併設型の事業所の場合、介護職員は非常勤でもよい。

2 家族の結婚式への出席や趣味活動への参加などを理由とした利用はできない。

3 介護支援専門員が緊急やむを得ないと認めた場合には、専用の居室以外の静養室も利用できる。

4 短期入所生活介護計画は、おおむね 4 日以上連続して利用が予定される場合に作成しなければならない。

5 緊急短期入所受入加算と認知症行動・心理症状緊急対応加算は、同時に算定できる。

（第 25 回問題 54）

10

介護保険における福祉用具について正しいものはどれか。**3 つ**選べ。

1 使用目的は、利用者の自立した日常生活の支援であり、介護者の負担軽減ではない。

2 貸与する際には、福祉用具専門相談員は、具体的なサービス内容等を記載した福祉用具貸与計画を作成しなければならない。

3 複数の福祉用具を貸与する場合には、通常の貸与価格から減額して貸与することができる。

4 入浴用いすなどの入浴補助用具は、特定福祉用具販売の対象となる。

5 取付工事の有無にかかわらず、手すりは福祉用具貸与の対象となる。

（第 26 回問題 54）

11

介護保険における住宅改修について正しいものはどれか。**3 つ**選べ。

1 同一の住宅に複数の被保険者が居住する場合においては、住宅改修費の支給限度額の管理は被保険者ごとに行われる。

2 リフト等動力により段差を解消する機器を設置する工事は、住宅改修費の支給対象となる。

3 洋式便器等への便器の取替えには、既存の便器の位置や向きを変更する場合も含まれる。

4 浴室内すのこを置くことによる段差の解消は、住宅改修費の支給対象となる。

5 手すりの取付けのための壁の下地補強は、住宅改修費の支給対象となる。

9 正答 1、3、4

➡ P.152、153

1 ○ 介護職員は、利用者 20 人未満の併設型では**非常勤**でもよいとされている。

2 × 短期入所生活介護は、介護者の負担の軽減を図ることを目的の一つとしており、冠婚葬祭への出席や趣味活動への参加等を理由とした**利用はできる**。

3 ○ 利用者の状態や家族等の事情により、介護支援専門員が緊急やむを得ないと認めた場合などの一定の条件下においては、専用の居室以外の静養室も**利用できる**。

4 ○ 利用期間がおおむね **4** 日以上になることが予定される場合において、短期入所生活介護計画を作成しなければならない。

5 × 緊急短期入所受入加算と認知症行動・心理症状緊急対応加算は、同時に算定**できない**。

10 正答 2、3、4

➡ P.154、155

1 × 利用者の自立した日常生活の支援とともに、**介護者の負担軽減**も使用目的としなければならない。

2 ○ 福祉用具専門相談員は、貸与する際には**福祉用具貸与計画**を、販売する際には特定福祉用具販売計画を作成しなければならない。

3 ○ 複数の福祉用具を貸与する場合は、2015（平成 27）年度より、あらかじめ都道府県等に届け出ることで通常の貸与価格から**減額して貸与することが可能**となった。

4 ○ 入浴補助用具は、**特定福祉用具販売**の対象である。

5 × 取付工事が**不要**なスロープは貸与の対象となるが、取付工事が**必要**な場合は**住宅改修**の対象となる。

11 正答 1、3、5

➡ P.156、157

1 ○ 同一の住宅に複数の被保険者が居住する場合、被保険者ごとに住宅改修費の支給申請ができ、支給限度額の管理が行われる。

2 × 段差の解消のうち、動力による段差解消の工事は**支給対象外**である。

3 ○ 便器の位置・向きの変更は、**支給対象**である。

4 × 段差の解消のうち、浴室内すのこによる段差解消は**支給対象外**である。

5 ○ 手すりの取付けに付帯して必要となる住宅改修であり、**支給対象**である。

（第 25 回問題 55）

12 介護保険における小規模多機能型居宅介護について正しいものはどれか。**3 つ**選べ。

1 通いサービス、宿泊サービスごとに、1 日当たりの同時にサービス提供を受ける利用定員の上限が定められている。

2 一の宿泊室の定員は、利用者の処遇上必要と認められる場合は、2 人とすることができる。

3 訪問サービスでは、身体介護の提供に限られる。

4 宿泊サービスでは、利用者 1 人につき 1 月当たりの日数の上限が定められている。

5 指定小規模多機能型居宅介護事業所の登録者に対しては、その事業所の介護支援専門員が、居宅サービス計画を作成しなければならない。

（第 26 回問題 55）

13 介護保険における小規模多機能型居宅介護について正しいものはどれか。**3 つ**選べ。

1 サテライト型ではない指定小規模多機能型居宅介護事業所の管理者は、介護支援専門員に小規模多機能型居宅介護計画の作成を担当させるものとする。

2 養護老人ホームの入所者が、指定小規模多機能型居宅介護を利用することは想定されていない。

3 登録定員は、12 人以下としなければならない。

4 おおむね 6 月に 1 回以上、運営推進会議に活動状況を報告し、評価を受けなければならない。

5 指定小規模多機能型居宅介護事業所は、住宅地又は住宅地と同程度に利用者の家族や地域住民との交流の機会が確保される地域にあるようにしなければならない。

12 正答 1、2、5

➡ P.158、159

1 ○ 通いサービスは 15 人、宿泊サービスは 9 人などと、1 日当たりの利用定員の上限が**定められている**。

2 ○ 処遇上必要と認められる場合は**2 人も可能**である。

3 × 訪問サービスは、**訪問介護**（身体介護と生活援助）にあたるサービスが提供される。

4 × 宿泊サービスにおいて、利用者 1 人につき 1 月当たりの日数の上限は**定められていない**。

5 ○ 小規模多機能型居宅介護事業所の介護支援専門員は、利用登録者の**居宅サービス計画**と小規模多機能型居宅介護計画を作成する。

13 正答 1、2、5

➡ P.158、159

1 ○ **介護支援専門員**は、居宅サービス計画と小規模多機能型居宅介護計画を作成する。

2 ○ 小規模多機能型居宅介護は**通い**と**宿泊**を中心とするサービスのため、入所サービスである養護老人ホームの入所者が利用することは**想定されていない**。

3 × 登録定員は **29 人**以下（サテライト型は **18 人**以下）である。

4 × おおむね **2 か月**に 1 回以上、運営推進会議に活動状況を報告し、評価を受けなければならない。

5 ○ 事業所は、**住宅地**または**住宅地**と同程度に利用者の家族や地域住民との交流の機会が確保される地域にあるようにしなければならない。

（第 23 回問題 56）

14 介護保険における認知症対応型共同生活介護について正しいものはどれか。**2 つ**選べ。

1 事業所の立地場所については、園芸や農作業を行いやすい自然の豊かな場所でなくてはならない。

2 1 つの共同生活住居の入居定員は、5 人以上 9 人以下である。

3 複数の共同生活住居がある事業所の場合には、認知症対応型共同生活介護計画の作成担当者のうち 1 人は、介護支援専門員でなくてはならない。

4 認知症対応型共同生活介護計画を作成した期間についても、居宅サービス計画を作成しなければならない。

5 認知症対応型共同生活介護事業者は、提供するサービスの質について、定期的に外部評価を受けていれば、自己評価を行う必要はない。

（第 26 回問題 56）

15 介護保険における認知症対応型通所介護について正しいものはどれか。**3 つ**選べ。

1 共用型指定認知症対応型通所介護の利用定員は、1 施設 1 日当たり 12 人以下としなければならない。

2 サービスの提供方法等の説明には、利用日の行事及び日課等も含まれる。

3 認知症の原因となる疾患が急性の状態にある者は、対象とはならない。

4 単独型・併設型指定認知症対応型通所介護の場合、生活相談員、看護職員又は介護職員のうち 2 人以上は、常勤でなければならない。

5 あん摩マッサージ指圧師は、単独型・併設型指定認知症対応型通所介護事業所の機能訓練指導員になることができる。

14 正答 2、3

➡ P.160、161

1 × 利用者の家族や地域住民との交流を確保することを目的に、**住宅地または住宅地と同程度の場所**であることとされている。

2 ○ 1つの共同生活住居の入居定員は、**5～9**人とされている。

3 ○ 計画作成担当者のうちの**1人以上**は、**介護支援専門員**でなければならない。

4 × サービスの提供は、認知症対応型共同生活介護計画に基づいて行われ、居宅サービス計画は**重複して作成できない**。

5 × **自ら提供するサービス**の質の評価を行うとともに、定期的に**外部評価**を受けなければならない。

15 正答 2、3、5

➡ P.162、163

1 × 共用型指定認知症対応型通所介護の利用定員は、認知症対応型共同生活介護・地域密着型特定施設・地域密着型介護老人福祉施設と、施設種別によって**異なる**。

2 ○ 利用者又はその家族に対し、サービスの提供方法等について、理解しやすいように説明を行わなければならず、「サービスの提供方法等」には、利用日の行事及び日課等も**含まれる**。

3 ○ 認知症対応型通所介護では、認知症の原因となる疾患が急性の状態にある者は**対象外**である。

4 × 単独型・併設型指定認知症対応型通所介護の場合、生活相談員、看護職員又は介護職員のうち**1**人以上は、常勤でなければならない。

5 ○ 本肢のとおりである。単独型・併設型認知症対応型通所介護の場合、**機能訓練指導員**を事業所ごとに1人以上配置する。

（第 24 回問題 56）

16 介護保険における認知症対応型通所介護について正しいものはどれか。**2 つ**選べ。

1 生活相談員が認知症対応型通所介護計画を作成する。

2 栄養改善サービスを提供することができる。

3 若年性認知症の者は、要介護であっても対象とならない。

4 認知症対応型共同生活介護事業所の居間や食堂を活用して行うのは、併設型指定認知症対応型通所介護である。

5 認知症対応型通所介護計画に位置付けられ、効果的な機能訓練等のサービスが提供できる場合は、事業所の屋外でサービスを提供することができる。

（第 26 回問題 57）

17 指定介護老人福祉施設について正しいものはどれか。**3 つ**選べ。

1 可能な限り、居宅での生活への復帰を念頭に置いて、入所者がその有する能力に応じ自立した日常生活を営むことができるようにすることを目指さなければならない。

2 家庭的な雰囲気を保つため、廊下幅は 1.6m 以下としなければならない。

3 入所者が可能な限り離床して、食堂で食事を摂るよう支援しなければならない。

4 常勤の生活相談員を配置しなければならない。

5 食事の提供又は機能訓練に支障がない広さがあっても、食堂と機能訓練室を同一の場所とすることはできない。

16　正答 2、5

➡ P.162、163

1　×　認知症対応型通所介護計画を作成するのは、**管理者**である。

2　○　認知症対応型通所介護では、栄養改善サービスを提供することが**できる**。

3　×　対象者は、居宅要介護者であって**認知症の者**であることから対象と**なる**。

4　×　認知症対応型共同生活介護事業所の居間や食堂を活用して行うのは、**共用型指定認知症対応型通所介護**である。

5　○　認知症対応型通所介護計画に位置付けられた場合、事業所の**屋外**でサービスを提供することができる。

17　正答 1、3、4

➡ P.164、165

1　○　運営基準第 1 条の 2 第 1 項に定められており、本肢のとおりである。

2　×　廊下幅は、**1.8m 以上**（中廊下の幅は 2.7m 以上）でなければならない。

3　○　運営基準第 14 条第 2 項に定められており、本肢のとおりである。

4　○　生活相談員は、入所者の数が 100 またはその端数を増すごとに 1 人以上配置し、**常勤職員**でなければならない。

5　×　食事の提供又は機能訓練に支障がない広さを確保することができるときは、同一の場所とすることが**できる**。

（第 25 回問題 57）

18 指定介護老人福祉施設について正しいものはどれか。**3 つ**選べ。

1 明るく家庭的な雰囲気を有し、地域や家庭との結び付きを重視した運営を行うよう努めなければならない。

2 市町村長が指定する。

3 入所者の負担により、当該施設の従業者以外の者による介護を受けさせてはならない。

4 褥瘡の発生を予防するための体制を整備しなければならない。

5 入所者のためのレクリエーション行事を行うのであれば、教養娯楽設備等は備えなくてもよい。

（第 22 回再問題 57）

19 指定介護老人福祉施設について正しいものはどれか。**2 つ**選べ。

1 配置される介護支援専門員は、非常勤でもよい。

2 入所者数が 30 人以上 50 人未満の場合は、常勤換算で 2 人以上の看護職員を配置しなければならない。

3 医務室は、医療法に規定する診療所でなければならない。

4 入所者が入院する場合には、3 月間は当該ベッドを空けておかなければならない。

5 利用者の負担により、当該施設の従業者以外の者による介護を受けさせることができる。

（第 26 回問題 58）

20 成年後見制度について正しいものはどれか。**3 つ**選べ。

1 成年後見人の職務には、身上保護（身上監護）と財産管理が含まれる。

2 後見開始の申立は、本人の所在地を管轄する地方裁判所に対し行わなければならない。

3 成年後見制度の利用の促進に関する法律では、国の責務が定められている。

4 法定後見制度は、本人の判断能力の程度に応じて、後見と補助の 2 類型に分かれている。

5 成年後見制度利用促進基本計画では、権利擁護支援の地域連携ネットワークづくりが必要とされている。

18　正答 1、3、4

➡ P.22、164 ～ 166

1　○　肢 1 とともに、**市町村**や**居宅介護支援事業者**、**居宅サービス事業者**、ほかの**介護保険施設**等との密接な連携にも努めなければならない。

2　×　**都道府県知事**が指定する。

3　○　**入所者の負担**で、施設の従業者以外の者による介護を受けさせてはならない。

4　○　褥瘡予防のための適切な介護を行うとともに、予防のための体制を**整備しなければならない**。

5　×　レクリエーション行事を行っても、教養娯楽設備等は**備えなければならない**。

19　正答 2、3

➡ P.164 ～ 166

1　×　介護支援専門員は、**常勤**でなければならない。

2　○　看護職員は、常勤換算で、入所者数が 30 人未満で 1 人以上、30 人以上 50 人未満で **2 人以上**、50 人以上 130 人未満で 3 人以上、130 人以上ではプラス 50 人またはその端数を増やすごとに 1 人追加した人数を配置しなければならない。

3　○　医務室は、**医療法に規定する診療所**である必要がある。

4　×　退院後に再度施設に円滑に入所できるようにするが、空けておかなければならないという**規定はない**。

5　×　利用者の負担により、当該施設の従業者以外の者による介護を**受けさせてはならない**。

20　正答 1、3、5

➡ P.167 ～ 169

1　○　成年後見人の職務には、療養や介護の手配などの**身上保護**（身上監護）と預貯金や不動産、相続の管理などの**財産管理**が含まれる。

2　×　後見開始の申立ては、本人の住所地を管轄する**家庭裁判所**に対して行う。

3　○　2016（平成 28）年に公布された同法では、**国**の責務等を明らかにしている。

4　×　法定後見制度は、後見、**保佐**、補助の **3** 類型に分かれる。

5　○　権利擁護支援が必要な人の発見と早期からの相談といった**権利擁護支援の地域連携ネットワークづくり**が必要とされている。

（第 25 回問題 59 改題）

21

成年後見制度について正しいものはどれか。**2 つ**選べ。

1 任意後見制度では、判断能力を喪失した人に、保佐人や補助人をつけられる。

2 都道府県知事は、65 歳以上の者につき、その福祉を図るため特に必要があると認めるときは、後見開始の審判の請求をすることができる。

3 本人と任意後見受任者の同意があれば、公正証書以外の方法でも任意後見契約が成立する。

4 成年後見制度の利用の促進に関する法律に定められた基本理念には、成年被後見人等の意思決定の支援と身上の保護が適切に行われるべきことが含まれる。

5 成年被後見人の法律行為は、原則として、取り消すことができる。

（第 24 回問題 60）

22

成年後見制度について正しいものはどれか。**3 つ**選べ。

1 親族も成年後見人になることができる。

2 市町村長は、四親等内の親族がいる場合には、後見開始の審判の請求をすることはできない。

3 その理念の一つとして、成年被後見人等の自発的意思の尊重がある。

4 成年後見人は、家庭裁判所の許可を得ずに、成年被後見人の居住用不動産を処分することができる。

5 後見開始の審判は、本人も請求することができる。

（第 25 回問題 58）

23

生活保護制度について正しいものはどれか。**3 つ**選べ。

1 被保護者の収入として認定されるものには、地代や家賃等の財産収入が含まれる。

2 要保護者が急迫した状況にあるときは、保護の申請がなくても、必要な保護を行うことができる。

3 介護施設入所者基本生活費は、介護扶助として給付される。

4 教育扶助は、原則として、現物給付によって行われる。

5 介護扶助は、介護保険制度の保険給付の対象となる介護サービスと同等のサービスを、要保護者に対し保障する。

21 正答 4、5

➡ P.167 ～ 169

1 × 保佐人や補助人（と成年後見人）が選任されるのは、**法定後見制度**である。

2 × 65 歳以上の者で、その福祉を図るために必要があると認めるときに後見開始の審判の請求ができるのは、都道府県知事ではなく、**市町村長**である。

3 × 任意後見契約は、**公正証書で行う場合のみ**認められている。

4 ○ 成年後見制度の３つの基本理念（「自己決定の尊重」「残存能力の活用」「ノーマライゼーション」）に、同法で本肢の２つが**加えられた**。

5 ○ 成年被後見人の法律行為は、原則として**取り消すことができる**。

22 正答 1、3、5

➡ P.167 ～ 169

1 ○ 親族は成年後見人になることが**できる**。

2 × 市町村長は、四親等内の親族がいる場合でも、後見開始の審判を請求することが**できる**。

3 ○ 成年後見制度の理念の一つに、成年被後見人等の**自発的意思**の尊重がある。

4 × 成年被後見人の居住用不動産を処分する場合は、**家庭裁判所の許可**を得なければならない。

5 ○ 後見開始の審判は、本人も請求することが**できる**。

23 正答 1、2、5

➡ P.170 ～ 172

1 ○ 地代や家賃等の財産収入も**含めた**被保護者の収入と最低生活費を比較して、生活保護の適用を決定する。

2 ○ 原則は保護の申請が必要であるが、急迫した状況にある場合は、申請がなくても必要な保護を行うことが**できる**。

3 × **生活扶助**から支給される。

4 × 教育扶助は、原則として、**金銭給付**である。

5 ○ 介護扶助では、原則として、介護保険給付と**同範囲・同水準の介護サービス**が給付される。

（第 26 回問題 60）

24 生活保護制度について正しいものはどれか。**3 つ**選べ。

1　保護は、要保護者の年齢別、性別、健康状態等を考慮して行うものとする。

2　実施機関は、都道府県知事、市長及び福祉事務所を管理する町村長である。

3　生活保護費は、最低生活費に被保護者の収入額を加算して支給される。

4　福祉用具の利用は、生活扶助の対象である。

5　生活保護の申請は、要保護者、その扶養義務者又はその他の同居の親族が行うことができる。

（第 23 回問題 60）

25 高齢者虐待の防止、高齢者の養護者に対する支援等に関する法律について正しいものはどれか。**2 つ**選べ。

1　養護者による高齢者を衰弱させるような著しい減食は、高齢者虐待に当たる。

2　市町村又は市町村長は、虐待の通報又は届出があった場合には、高齢者を一時的に保護するために老人短期入所施設等に入所させることができる。

3　養介護施設には、地域包括支援センターは含まれない。

4　養護者による高齢者虐待により高齢者の生命又は身体に重大な危険が生じているおそれがあると認める場合であっても、市町村の職員は、警察の許可なく高齢者の居所に立ち入ることはできない。

5　都道府県は、養護者の負担軽減のため、養護者の相談、指導及び助言その他の必要な措置を講じなければならない。

（第 22 回再問題 58）

26 障害者総合支援法について正しいものはどれか。**3 つ**選べ。

1　自立支援医療費の支給は、自立支援給付の一つである。

2　市町村は、介護給付費等の支給決定を行うにあたり、障害程度区分の認定を行う。

3　対象となる障害者の範囲には、難病の患者も含まれる。

4　成年後見制度利用支援事業は、市町村の任意事業である。

5　介護給付費の支給には、行動援護が含まれる。

24 正答 1、2、5

➡ P.170、171

1 ○ 保護は、要保護者の**年齢別**、**性別**、**健康状態**等その個人又は世帯の実際の必要の相違を考慮して行うものとする。

2 ○ 生活保護の実施機関は、**都道府県知事**、**市長**および**福祉事務所を管理する町村長**である。

3 × 生活保護費は、最低生活費から被保護者の収入額を**引いた**差額が支給される。

4 × 福祉用具の利用は、**介護扶助**の対象である。

5 ○ **要保護者**、その**扶養義務者**又はその他の**同居の親族**からの申請に基づき、生活保護の要否判定を行う。

25 正答 1、2

➡ P.173 ～ 175

1 ○ 高齢者を衰弱させるような著しい減食は、高齢者虐待の**介護・世話の放棄・放任（ネグレクト）**に当たる。

2 ○ 市町村又は市町村長は、高齢者を一時的に保護するため老人短期入所施設等に入所させる等の**老人福祉法**における措置を取ることができる。

3 × 地域包括支援センターは、**養介護施設**に含まれる。

4 × 市町村長は、養護者による高齢者虐待により高齢者の生命又は身体に重大な危険が生じているおそれがあると認めるときは、**警察**の許可なく、**市町村の職員**によって高齢者の居所に立ち入り、必要な調査又は質問をさせることができる。

5 × 養護者の相談、指導及び助言その他の必要な措置を講じなければならないのは、**市町村**である。

26 正答 1、3、5

➡ P.27、176、177

1 ○ 更生医療や育成医療、精神通院医療が含まれる自立支援医療費の支給は、**自立支援給付**の１つである。

2 × 2014（平成 26）年の法改正で、障害程度区分から**障害支援区分**に変更された。

3 ○ 対象となる障害者の範囲は、身体障害者、知的障害者、精神障害者（発達障害者を含む）、**難病患者**等である。

4 × 成年後見制度利用支援事業は、市町村が行う**必須事業**である。

5 ○ 介護給付費には、**行動援護**、居宅介護、重度訪問介護、同行援護等が含まれる。

本書の正誤情報や法改正情報等は、下記のアドレスでご確認ください。

http://www.s-henshu.info/kmhg2312/

上記掲載以外の箇所で正誤についてお気づきの場合は、**書名・発行日・質問事項（該当ページ・行数・問題番号**などと**誤りだと思う理由）・氏名・連絡先**を明記のうえ、お問い合わせください。

- web からのお問い合わせ：上記アドレス内【正誤情報】へ
- 郵便または FAX でのお問い合わせ：下記住所または FAX 番号へ

※電話でのお問い合わせはお受けできません。

［宛先］　コンデックス情報研究所「ケアマネ試験　頻出ポイント＋厳選過去問 '24 年版」係
住　　所：〒 359-0042　所沢市並木 3-1-9
FAX 番号：04-2995-4362（10：00 ～ 17：00）土日祝日を除く

※ **本書の正誤以外に関するご質問にはお答えいたしかねます。**また、受験指導などは行っておりません。
※ ご質問の受付期限は、2024 年 10 月の試験日の 10 日前必着といたします。
※ 回答日時の指定はできません。また、ご質問の内容によっては回答まで 10 日前後お時間をいただく場合があります。
あらかじめご了承ください。

コンデックス情報研究所では、合格者の声を募集しています。
試験にまつわる様々なご意見・ご感想をお待ちしております。
こちらのアドレスよりお進みください。http://www.condex.co.jp/gk

編著：コンデックス情報研究所
1990 年 6 月設立。法律・福祉・技術・教育分野において、書籍の企画・執筆・編集、大学および通信教育機関との共同教材開発を行っている研究者・実務家・編集者のグループ。
本文イラスト：岡田行生（岡田デザイン事務所）
企画・編集　成美堂出版編集部

ケアマネ試験頻出ポイント+厳選過去問 '24年版

2024年３月20日発行

編　著　コンデックス情報《じょうほう》研究所《けんきゅうしょ》
発行者　深見公子
発行所　成美堂出版
〒162-8445　東京都新宿区新小川町1-7
電話(03)5206-8151 FAX(03)5206-8159
印　刷　大盛印刷株式会社

ISBN978-4-415-23795-4
落丁·乱丁などの不良本はお取り替えします
定価はカバーに表示してあります